고조선 문자 3

: 환국 문자언어

지은이 허대동

경남 합천이 고향이고, 진주고등학교와 부산대학교를 졸업하였다. 경남 양산의 중학교에 교사로 근무 중이다. 전 세계 언어와 문자를 연구하던 중 명도전 문자를 연구하여 『고조선 문자』를 출간하였고, 첨수도와 침수도 문자를 연구하여 『고조선 문자』2를 출간하였다. 한의학에 관심을 가져 『사상의학: 아들이 묻고 아버지가 답한』(1993) 편저하였고, 한의학 소설로 『대나무 구멍으로 하늘 보기』(1993), 『황제내경소문대요』(1999)를 출간했다.

고조선 문자 3
: 환국 문자언어

© 허대동, 2019

1판 1쇄 인쇄_2019년 07월 20일
1판 1쇄 발행_2019년 07월 30일

지은이_허대동
펴낸이_양정섭

펴낸곳_도서출판 경진
　　　　등록_제2010-000004호
　　　　이메일_mykyungjin@daum.net
　　　　주소_서울특별시 금천구 시흥대로 57길(시흥동) 영광빌딩 203호
　　　　전화_070-7550-7776 팩스_02-806-7282

값 14,000원
ISBN 978-89-5996-325-6 93710

※ 이 책은 본사와 저자의 허락 없이는 내용의 일부 또는 전체의 무단 전재나 복제, 광전자 매체 수록 등을 금합니다.
※ 잘못된 책은 구입처에서 바꾸어 드립니다.
※ 이 도서의 국립중앙도서관 출판예정도서목록(CIP)은 서지정보유통지원시스템 홈페이지(http://seoji.nl.go.kr)와 국가자료 공동목록시스템(http://www.nl.go.kr/kolisnet)에서 이용하실 수 있습니다. (CIP제어번호: 2019027784)

고조선 문자 3

: 환국 문자언어

허대동 지음

일러두기

1. 표준국어대사전과 고려대한국어대사전이 바탕사전이고, 네이버 국어사전이 되었습니다.

2. 디지털 한자사전 e-한자와 한국한자어사전이 바탕사전이고 네이버 한자사전이 되었습니다.

3. 우리말의 기원 중 의미와의 대응은 음가 대응으로 가는 연구과정의 내용입니다.

4. 우리말과 한자어는 음가 대응이 결론이고, 의미 대응은 보충자료입니다.

새로운 문자와 언어 시대를 열면서

　우리의 기원은 어디였을까요? 이런 질문에 답하기 위해 본인은 『고조선 문자』 1~2에서 돈(화폐)으로 쓰였던 명도전과 첨수도 중국 연나라 것이 아니라 고조선의 돈이고, 뒷면 문자는 우리 가림토 문자임을 주장했습니다. 하지만 기대만큼의 반응은 나오지 않았습니다. 신문 지면에 단순 책 광고만이 실리고 몇 군데에서 제가 강의를 하는 정도였습니다. 그래서 더 확실한 증거를 찾아 우리나라의 박물관과 바위그림을 뒤져보다가 참으로 많은 자료들이 현재에도 남아 있다는 것을 알았습니다. 울주 바위그림과 고령의 고인돌 위 그림들은 모두 천문을 표현한 것이고, 박물관 곳곳에 있는 토기문자는 바로 천문에서 나온 가림토의 후손임을 밝히게 된 것입니다. 우리 겨레가 고대로부터 하늘을 숭상하고 하늘 별자리 부호에서 천문을 찾아내어 고대 문자의 시원을 개척했다고 봅니다. 그래서 제가 『고조선 문자』에서 주장한 '첨수도', '첨수도', '고조선호돈(명도전)'은 우리 천문에서 유래한 우리의 고대문자이고 갑골문에서 유래한 한자가 아님을 확인할 수 있습니다.

　문자와 언어는 불가분의 관계를 지니고 있습니다. 제가 비교역사 언어학에 관심을 가진 것은 대학교 언어학개론 시간부터였으니 총 연구 기간은 거의 30년이 다 되었습니다. 특히 처음에는 우리말과 한자어 사이의 연결성을 표준국어대사전(네이버 국어사전)과 네이버 한자사전을 이용해서 연구를 해 보았습니다. 그러자 주옥같은 현재 우리말, 우리 옛말과 탯말(방언, 사투리)에서 한자어가 쏟아져 나왔습니다.

글 첫머리에 그 변화 과정을 총 10가지의 유형으로 나열해 보겠습니다.

첫째, 축소형입니다. 모든 한자어는 순우리말의 축소형에 속합니다. 왜냐하면 단 한 음가로만 구성되어 있기 때문입니다. 우리말 안에서도 이런 현상이 많이 나옵니다. 대표적인 예를 보겠습니다. '몹시 사납다'와 '무지무지 사납다'를 줄이면, '무섭다'가 나옵니다. '매우 사납다'를 줄이면, '매섭다'가 나옵니다.

둘째, 좌우 동격입니다. 우리말에 내재된 예로는 '다랍다와 더럽다'입니다. 순우리말과 한자어 사이의 모음 좌우 동형어의 예를 보겠습니다. 순우리말은 '억척스럽다'이고 좌우 동형 한자어로 '악착(齷齪)스럽다'를 찾을 수 있습니다. 우리말 '억세다'가 있으니 '억척'과 '악착(齷齪)'은 모두 우리말이 기원임을 알 수 있습니다.

셋째, 분리형입니다. 순우리말에서 한 자씩 한 자씩 떨어져 나온 경우입니다. 대표적인 단어는 '솟구치다'입니다. '솟'에서 '빠를 속(速)'과 '높을 숭(崇, 嵩)'이 나오고, '솟구다'의 옛말 '솟고다'의 '고'에서 '높을 고(高)'가 나옵니다. 다른 하나의 더 좋은 예로 '모시다'입니다. 한자어로 '그리울 모(慕)'와 '모실 시(侍)'입니다.

넷째, 앞뒤 교환형입니다. 앞뒤로 교환하면 받침에서 변화가 조금 일어납니다. 순우리말 '그윽하다'를 돌려 '은근(慇懃)하다'를 찾을 수 있고, 순우리말 '빗대다'를 돌려 '대비(對比)하다'를 찾을 수 있습니다.

다섯째, 연결형입니다. 우리말 바로 뒤에 한자어가 이어지는 경우입니다. 순우리말 '곱단하다'에 이어 한자어 '단정(端正)하다'가 나옵니다.

여섯째, 복제형입니다. 우리말 그대로 복제하거나 거의 복제한 경우입니다. 위에 열거한 다섯 가지는 모두 복제형에 속한다 할 수 있습니다. '삼갈 착(姝)'이지만, '착하다'라고 새기기도 합니다. '쇠 쇠(釗)'와 같은 경우입니다.

일곱째, 중첩형입니다. 모음이 중첩되어 있어 난이도가 높은 단어들입니다. 먼저 우리말 안에서는 옛말 '밋밋ᄒ다'가 그 예입니다. '미끈하다'와 '밋밋하다'를 합쳤는데, 그 모음을 중첩시킨 경우입니다. 한자어로는 '월(月)'의 경우인데 '위'와 '얼굴'을 합쳤습니다.

여덟째, 옛말 기원형입니다. 반드시 우리 옛말을 알아야만 풀 수 있는 유형입니다. 대표적으로 '솜소미(촘촘히의 옛말)'란 단어인데, 여기서 '작을 소(小), 적을 소(少), 작을 미(微)'가 나왔습니다. 또 하나는 '새기다'의 옛말 '사기다'입니다. '사기다'를 알아야 돌려서 '기사(記辭)'란 단어를 찾을 수 있기 때문입니다.

아홉째, 탯말(방언, 사투리) 기원형입니다. 개벽(開闢)이란 단어는 '깨우다'의 경상도 탯말 '깨배다'를 알아야 합니다.

열째, 의성어 의태어 기원형입니다. '차곡차곡'이란 표현에서 '창고(倉庫)'와 '곡식(穀食)'을 찾을 수 있고, '비둘기 구(鳩)'는 비둘기의 소리 그대로 표현한 한자어입니다.

상당수 한자어는 위에서 열거한 열 가지 형태가 서로 겹치면서 나타난 음가입니다. 그리고 또 한 가지 특별한 증거로는 변음(變音)이 있습니다. 중요 기초 한자단어에서 계속 나오는 것으로 원래 한자음이 갑자기 불규칙적으로 바뀌는 것입니다. 예를 들자면, '환할 환(晥)'의 경우 원래 한자 完의 음가는 '완'입니다. '완'에서 '환'으로 변하는 과정에 우리말이 기준이 되었다는 것입니다.

이런 과정을 통해서 우리는 아주 옛날 순우리말에서 한자어가 나오고 우리말과 한자어의 변화 형태가 고대 인도와 서양언어라고 추리해 볼 수 있습니다. 또한 우리말은 제주도, 경상도와 전라도의 탯말이 핵심적인 역할을 하고 충청도, 경기도, 강원도와 북한 탯말이 더불어 어울렸다고 볼 수 있습니다. 이는 신라가 4국을 통일하기 훨씬 이전에 발생한 것으로 인류 문화의 첫 출발지를 한국으로 보아도 되는 증거이기도 합니다. 독자 여러분들 중에 문자보다 언어에 더 관심이 높은 독자 분들은 언어편부터 먼저 보셔도 무방합니다.

끝으로 아들 걱정해 주시는 어머니, 글을 제대로 다듬어 빛을 내어주고 그림도 그려준 정인, 늘 격려를 해준 아내와 선인에게 고마움을 전합니다. 그리고 고조선 문자 시리즈를 이어가도록 해주신 경진출판 양정섭 사장님에게도 고마운 인사를 올립니다.

2019년 6월
허대동

목차

제2편 언어편

제**1**편 문자편

제1장 토기에 새겨진 부호와 암각화의 부호

1. 양산시립박물관과 국립김해박물관에서 만난 부호

양산박물관 소장 토기(유개호)에 새겨진 부호 2개를 볼 수 있습니다. 이는 『고조선 문자』 2[1]에서 연구한 김해박물관 자료들과 동일한 부호입니다. 김해박물관 2층에서 가야 사람의 생활을 주제로 한 공간에 '가야의 문자와 기호'를 볼 수 있습니다. 제가 이미 발표한 '함안 아라가야 토기 문자'와 함께 우물 정(井)자 토기와 대간(大干)토기가 진열되어 있었습니다.

---

[1] 『고조선 문자』 2, 도서출판 경진, 2013년 발행. 여기서 우리나라 토기 부호의 기초 해석을 시도하였다.

〈도 1〉 김해박물관 전시 토기의 표식

　〈도 1〉의 토기 뚜껑 위에 우물 정(井)표식이 선명합니다. 저는『고조선 문자』2에서 이 문자의 의미를 한국 표시 혹은 자모음 문자 통합 자판 정도로 해석했었습니다.

〈도 2〉 양산박물관에 전시된 토기의 부호

　∀과 X가 선명하게 나타나 있습니다. 이 문자들은 아라가야 함안 토기 문자에도 나타나는 문자입니다.[2]

〈도 3〉 부산박물관에 전시된 토기의 부호

위의 사진은 부산박물관 소장 토기 뚜껑입니다. 부호는 현 한글 ㅂ
그대로입니다. 이 문자들은 어디에서 왔고, 또 그 의미는 정확히 소리
음가를 표현한 고대 한글이 확실한 것일까요? 토기에 새겨진 문자를
추적해 나가는 연구는 울주 반구대와 천전리를 거쳐 하늘의 별자리에
도달합니다.

2. 문자를 찾아 전국을 헤매다

우리에게 남겨진 문자 조각은 토기에만 존재하지 않습니다. 바로 울
주 반구대 암각화와 천전리 각석과 같은 무수한 암각화(바위그림)들 위
에도 문자를 찾아볼 수 있기 때문입니다. 이 문자들의 의미들도 제가
새로이 해석해 보기도 했습니다.3) 그 이후에도 생각을 거듭해서 이 문
자들은 단순히 의미를 지닌 문자 외에 하늘의 별자리를 표시한 것이라
생각했습니다.

---

2) 『고조선 문자』, 도서출판 경진, 2011, 262쪽 첨부 자료 3. 아라가야 함안 가림토 문자,
   토기 위의 문자가 고대 한글 가림토 요소를 지니고 있다는 학설을 최초로 발표하였다.
   X는 '커' 음가로, ∀은 '보' 음가로 해석을 했다.
3) 『고조선 문자』 2, 도서출판 경진, 2013, 240~242쪽, 기존의 추상적 해석에서 구체적 해석
   으로 바꾸었다. 모두 하늘 별자리를 그린 문양으로 천문이다.

1) 울주 반구대 바위그림

국립중앙박물관

위의 자료 중 아래는 부산해양박물관 기획전시회에서 촬영했습니다. 고래잡이와 육지 동물에 대해서는 이미 상당히 연구되어 있습니다. 반구대는 상당히 넓은 구역에 그려져 왼편 상단부터 아래로 다음 오른쪽 중심부로 분석할 수 있습니다.

① 맨 왼쪽 위의 피리 부는 사람

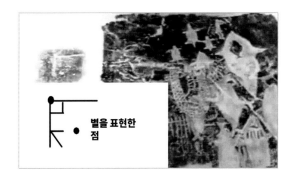

별을 표현한
점

　점을 중심으로 직각의 선이 그어지고 이는 사람이 나팔을 불고 있는 모습입니다. 사냥이라면 긴 파이프 관안에 독침을 넣어 쏘는 장면이라 봅니다. 별인 듯 점도 다리 앞에 보입니다. 나팔 부는 사람 형상을 별자리에서 찾아보면 봄철의 처음 빛나는 자리입니다. 봄철에는 대삼각형이 하늘에 나타나는데, 아르크투루스와 스피카, 사자자리의 데네볼라를 이은 삼각형을 말합니다.[4] 서양에서는 위 피리 부는 사람을 목동으로 표현했습니다.

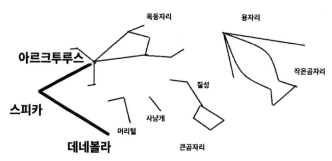

봄 하늘에 크게 나타나는 이 삼각형 부분의 모습을 바위에 그린 것이 긴 피리를 부는 사람이라고 봅니다. 이 긴 피리 부는 사람의 모습을 좀 줄여서 봄철 하늘에서 찾아보면, 처녀자리의 상체 부분이라 볼 수도 있습니다. 우리 천상열차분야지도에서 찾아보면 각(角)이라고 하는 별자리와 오제좌(五帝座) 사이에 있는 부분입니다.[5]

---

4) 임숙영·현계영·구자춘, 『생생쏙도감 별자리』, 동아사이언스, 2007, 51쪽.

5) 안상현, 『우리가 정말 알아야 할 우리별자리』, 현암사, 2000, 84쪽 봄철 별자리.

천상열차분야지도

위의 자료를 토대로 살펴볼 수 있는 문자는 Γ입니다. 저는 Γ을 현 ㄱ의 첫 모습이라 보고 있고, 고조선 화폐 위에 나타나는 원래 방향입니다.[6] 미국 인디언의 신화에는 '코코펠리'[7]라는 존재로 나타납니다. 우리 선조들은 생존을 위해 하늘을 관찰할 수밖에 없었는데, 먼 바다로 고래를 잡으러 가거나 농사철을 아는 데 꼭 필요했기 때문입니다. 요즘으로 치면 GPS 겸 달력에 해당한다고 볼 수 있습니다. 하늘에서 Γ을 보면 봄이 와서 곧 씨앗을 뿌려야 할 시기임을 알았고, 밤에는 북두칠성의 곰 자리가 가까이 있다는 것을 알 수 있었기 때문입니다.

---

6) 『고조선 문자』 2, 도서출판 경진, 2013, 115쪽, 고조선칼돈(명도전) 위에 Γ으로 나타난 ㄱ 문자가 있다. 그리스 문자로 Γ[감마]이고 페니키아어로는 gimel[김멜]입니다. 마치 우리 농기구 호미로 김을 매는 듯한 문자 형태이자 문자 이름입니다.

7) 다산의 신, 등짐을 쥐고 피리를 부는 존재로서 다산과 봄을 알리는 전령, http://en.wikipedia.org/wiki/Kokopelli

② 물 위로 튀어 오르는 잉어와 그물

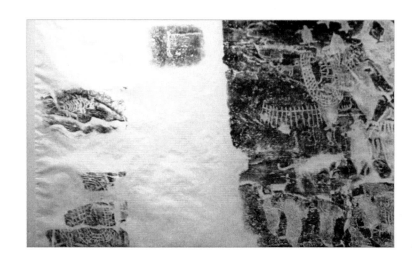

　Γ에서 왼쪽 사선으로 내려가면 '물고기와 물결'을 만나게 됩니다. 물고기는 ㄴ이란 문자를 입에 물고 있는 그림입니다. 저는 이 부분을 서양의 '처녀자리와 사자자리'의 모습이라고 봅니다. 울주에 있었던 선조들은 봄철의 별자리에 'Γ과 ㄴ' 부호를 넣고, 그 주변을 상형으로 표현했다고 봅니다. 물결은 후대 토기의 二가 되고 물고기와 합쳐 三이 되었다고 봅니다. 소리 음가로는 모음에 해당하는 부호입니다. 그 아래에는 그물이 있는데 이 그물은 서양 별자리의 컵자리 부근이라고 봅니다.

③ '소' 부호와 주변 그림

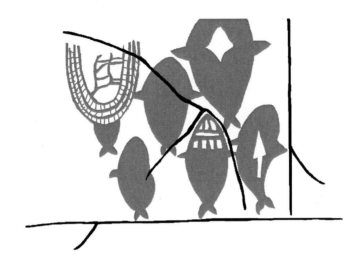

작살 맞은 고래 옆에 중심 고래가 있는데, 이 고래 위에 'ㅅ'이란 부호
가 들어 있습니다. 저는 고래와 합쳐서 '소'[8]란 부호와 문자가 탄생했
다고 봅니다. 미술적 개념으로 보면 전체 그림을 그리기 위한 구도를
잡기 위한 표식이라 볼 수도 있습니다.[9] '소'란 중심 고래를 중심으로
'그물에 사냥감이 잡힌 U'도 볼 수 있습니다. 북두칠성은 별자리의 중
심을 말하므로 'U와 소' 중에 어느 곳을 북두칠성 자리라고 보는가가
중요한 일입니다.

---

8) 작살 고래를 중심으로 '소'의 형상을 유추할 수 있는 구역(이하 '소'로 명명).
9) 국립민속박물관 전시 해설 참조.

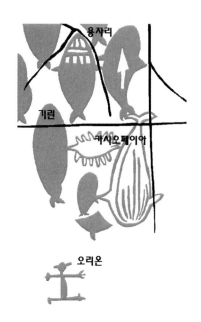

처음에는 고래가 치솟는 '소' 표식 부분을 용자리라 보았습니다.

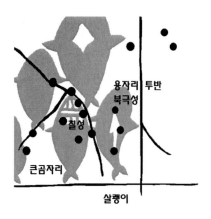

그런데 당시 북극성이었던 투반 별자리도 고려해야 했기에 다시 '소' 부분을 조금 왼쪽의 북두칠성에 대응시켰습니다. 당시 하늘을 관찰하면서 북쪽의 중심 자리를 '소'로 표시하고, 북극성은 작살로 표시했다

고 봅니다. 위와 같이 북쪽하늘을 대응시키면, U의 그물자리가 보이지 않기에 위치를 조정해 보았습니다. 여기서 작살은 토기에 ↑로 나타나는 문자입니다.

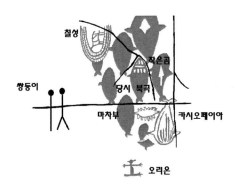

'소' 부분을 큰곰자리와 작은곰자리 사이의 북극성이라 생각해 보고 조금 위치를 조정했습니다. 화살표는 작은 곰의 꼬리 부분이라고 봅니다. 팔 벌린 사람은 오리온, 고래 3마리는 쌍둥이자리, 중간 고래는 마차부자리로 배정해 보았습니다. 쌍둥이와 오리온자리에서 'ㅐ'과 'ㅂ'이란 부호가 나옵니다.

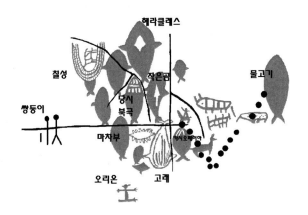

아기 고래를 업은 어미 고래 부위는 현재 별자리의 헤라클레스자리로 보이고, 오른쪽으로 물고기자리까지 이어진 모습입니다. 카시오페이아와 물고기 사이의 점들은 제가 임의로 넣었습니다. 이와 같이 반구대 그림이 현대 별자리에 정확하게 일치하지는 않지만, 하늘의 별자리를 당시 고래잡이 생활 풍습에 맞추어 그린 것이라고 봅니다.

④ 거북과 엉덩이를 뺀 사람

맨 위 부분의 거북이는 왕관자리, 엉덩이를 뺀 사람은 뱀 머리를 반대로 한 형상을 나타냅니다.

엉덩이를 뺀 사람과 현대 뱀자리를 비교해 본 위의 그림을 보면, 왜 엉덩이를 뒤로 뺀 형상이 그려지는지 알 수 있습니다. 반구대 그림의 거북이에서 '士', '土'가 나오고 물고기를 문 거북이에게서는 '王'이 나옵니다. 엉덩이를 뺀 사람에게서 'S'를 볼 수 있습니다.

⑤ 사람 얼굴 부분

반구대 암각화 오른쪽 하단에는 사람 얼굴이 나타납니다.

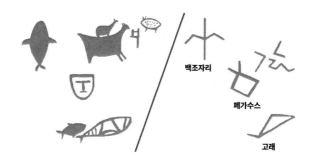

백조자리

페가수스

고래

　위의 그림에서 왼쪽은 반구대 그림이고, 오른쪽은 백조자리, 페가수스자리, 고래자리의 서양식 별자리입니다. 특히 사람 얼굴은 울주 천전리 그림에서도 나타나는데, 반구대의 얼굴이 페가수스자리로 그려지는 것과 마찬가지로 천전리의 얼굴도 역시 페가수스자리라고 봅니다. 사람 얼굴 위로 '말' 비슷한 동물이 있음을 보아, 페가수스조차 우리 별자리에서 건너간 것으로 봅니다. 다만 우리는 가을철 대 사각형10)을 사람 얼굴이라 보고, 서양에서는 그냥 말의 몸통 부분으로 본 것이 다른 점입니다. 암각화에서 고래가 지느러미를 편 모습이 날개를 펼친 백조자

케페우스

물고기 자리

페가수스

케페우스

가림토 문자

---

10) 페가수스자리의 몸통 4개의 밝은 별을 칭한다.

리와 통하며, 두 마리의 고래는 있는 그대로 고래자리로 동일하게 표현되었습니다. 새, 말과 고래가 서양의 별자리에 거의 대응되는 것은 우리 울주 바위그림이 별자리라는 것입니다. 게다가 가을철 대 사각형을 사람 얼굴이라고 보면 더욱 그러합니다.

앞선 추론 과정을 통해 페가수스자리라고 여기는 그 주변 탁본을 보고 있습니다. 케페우스자리라고 여겨지는 곳에 사슴이 있고 사슴에 직사각형 모자가 찍혀 있습니다. 방향만 돌리면, 가림토 문자 중 하나가 됩니다.

⑥ 사냥꾼

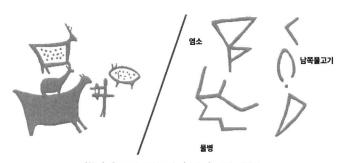

(왼쪽) 울주 반구대 그림, (오른쪽) 서양 별자리

사냥꾼도 '염소자리', '물병자리', '남쪽물고기자리'에 대입해 보다가, 그 중에서도 가장 타당성 있다고 여겨진 것은 '남쪽물고기자리'와 '조각가자리'였습니다. 활 혹은 방패는 남쪽 물고기, 신체의 하체는 조각가자리입니다. 그러면 오른쪽 새는 두루미(서양 별자리도 두루미)라는 것을 알 수 있습니다. 12월과 1월경의 하늘 제일 외곽 별자리라고 봅니다. 혹은 사냥꾼 모습이 그대로 서양으로 전파되었다면, 겨울철 다이아몬드의 오리온자리를 표현했다고 볼 수도 있습니다.

⑦ 오른쪽 바위 하단 부분

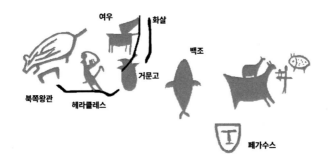

왼쪽부터 읽어 보면, 물이 흐르는 작은 다리를 그린 부분은 북쪽왕관이, 원숭이가 나무를 타는 모습은 헤라클레스가, 거문고자리에는 우리 거문고가, 여우자리에는 우리 여우가, 화살자리에는 화살이 대응하고 있습니다. 좀 앞서가는 가정이지만, 만약 위 그림이 천문을 표현한 것이고 이렇게 읽어낸 별자리가 옳다면, 서양 별자리의 근원 일부가 우리에게 있다는 점을 추측해 볼 수도 있겠습니다.

⑧ 또 하나의 피리 부는 사람

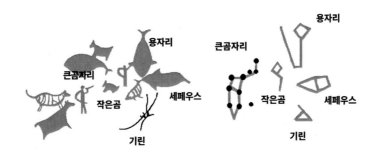

울주 바위그림에는 피리 부는 사람이 하나 더 있습니다. 피리 부는 사람을 큰곰, 고래 옆 작은 사람을 작은 곰 자리에 배치해봅니다. 기린

자리에는 사슴뿔이 강조된 사슴이 있습니다. 이렇게 되면, 맨 앞 '소'
자리와 북쪽 별자리가 겹치는데 계절에 따라 동일한 별자리를 표현하
다보니 겹친 부분이 나타났다고 봅니다.

⑨ 배

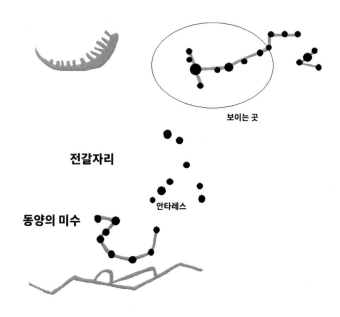

배를 '전갈자리'라고 추증해 보면, 배 위 아래가 뒤집어져 있습니다.
그 이유는 무엇일까요? 관찰하는 사람에 따라 달라진다고 봅니다. 하
늘 별자리만 본다면 별자리 표현 양식에 따라 배가 뒤집어 나타나지만,
지면에 서서 하늘을 보면 배가 바로 서 있는 것입니다.『현암사 풀코스
별자리여행 OZ』(38쪽)을 보면, 지상에서 하늘을 찍은 별자리 모습을
보여 줍니다. 남쪽 저 멀리 끝 산 위에 배가 올라가 있습니다. 선조들이
'미수'를 중요한 별자리로 본 것은 바로 남쪽 산 위에 올라가 있는 배이
기 때문입니다. 북쪽을 표현하는 북두칠성만큼 남쪽을 나타내는 미수

를 중요한 별자리로 보았습니다.

이렇게 '울주 반구대의 바위그림이 별자리그림이다'라는 관점을 확신하고 있을 때, 제가 이전에 읽었던『별자리에 숨겨진 우리 역사』[11]에 약간 스쳐가는 표현이 있었습니다.

2) 울주 천전리 바위그림

반구대 암각화는 국보 제285호이고 우리나라 선사시대 암각화를 대표하고 약 300여 점 이상의 그림을 가진 암각화이다. 천전리 암각화는 반구대 암각화에서 가까운 곳에 위치한 바위그림인데, 국보 제147호이다. 사람 얼굴을 중심으로 보자면, 왼쪽 편에 뱀이, 그 왼쪽에 8과 ∞이 겹쳐진 그림, 얼굴 오른쪽에는 오징어와 둥근 원과 마름모 2개, 제가 거북이라고 본 마름모가 세로로 연결된 모습, 그 오른쪽에는 갈매기,

---

11) 정태민,『별자리에 숨겨진 우리 역사』, 한문화, 98쪽. "위의 별자리와 울산의 암각화는 후기 구석기 시대 이후 인간이 하늘과 땅 사이에 최고의 존재로 군림하게 되는 것을 기념하는 것이다."

X, 배 혹은 곡식의 모습, 그 오른쪽에는 둥근 원이 특징인 정체불명의 그림, 맨 위에는 마름모가 7개 있습니다. 이 중심 부위는 하늘의 여름과 가을 별자리와 더불어 은하수를 표현했다고 봅니다. X와 배 혹은 곡식의 모습이 결합된 곳은 '견우별'자리라고 보고, 맨 위에는 마름모 7개는 하늘 별자리임을 표현했다고 봅니다. 마름모 7개를 북두칠성이라고 보아도 됩니다.

오른쪽 첫 부분은 불꽃이 피어오르는 모습인데 황소의 뿔과 흡사합니다. 이 부분의 형상을 간단한 표식으로 하면, 토기에서 X인데 이는 별자

리인 '사자자리', '처녀자리', '목동자리' 중의 하나라고 봅니다.

황소 뿔 그림의 왼쪽입니다. 그림이 희미합니다만, 봄에서 여름으로 가는 하늘의 모습을 표현했다고 봅니다. 이전 다른 학자들 연구에서는 상징적인 해석에 그쳤다면, 저는 『고조선 문자』2를 통해 위 그림을 구체적인 문자에 대응시킨 해석을 시도했습니다. 울주 반구대 고래그림에서 하늘의 별자리를 찾고 나니 이 천전리 바위그림도 하늘의 별자리라고 봅니다. 다만 고래들이 다 사라진 것으로 보아, 고래 사냥보다는 근해의 어업과 농경이 주된 생활이 된 시점이라고 봅니다.

① 북두칠성과 용자리

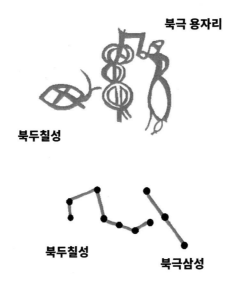

바위에 특이한 그림이 그려져 있습니다. 곤충인 듯 사람인 듯 이상한 존재가 원 3개를 맨 줄을 달고 다시 그 앞에 ⊗를 달고 있는 그림입니다. 상당히 난해하지만, X를 하늘에서 제일 중요한 북두칠성에 대입해 볼 수 있습니다. 이는 이집트 벽화 천장에 나타난 별자리와 대비해서 이해할 수 있습니다.12) 북두칠성(황소의 꼬리)을 몰고 가는 3개의 둥근 등불을 가진 북극(넓게는 용자리)이란 의미라고 봅니다. 북두칠성 꼬리의 방향이 현재 별자리와 맞지는 않지만, 이집트 벽화의 황소 앞다리(7개의 별이 새겨져 있습니다)를 끌고 가는 하마(혹은 악어 업은 하마)를 보면 이해할 수 있습니다. 위 그림 중 하단은 고려시대 별 자리 벽화13)로 천전리 그림과 비교할 수 있습니다.

위 암각화는 처음에 도마뱀으로 본 자리입니다. 달리 보자면, 하늘을 바라보는 시야를 넓혀서 은하수 위아래를 분리해서 표현한 그림이라고 봅니다. Γ 부분을 직녀가 들어 있는 3개의 빛나는 별을 이은 선, 즉 여름철 대삼각이라고 생각해 보았습니다. 새는 카시오페이아이고, 아래는 기린, 물이 흘러내리는 계곡인 듯한 8은 쌍둥이자리, ∞은 오거성

12) 에드윈 C. 크룹, 정재현 옮김, 『고대 하늘의 메아리』, 이지북, 2011, 178·328쪽. 황소 다리를 북두칠성에 배치하였고, 하마는 용자리를 의미한다.

13) 김일권, 「안동 서삼동 고려 벽화묘」, 『우리 역사의 하늘과 별자리』, 고즈윈, 2008, 103쪽.

자리, 마름모 눈이 있는 부분은 오리온자리라고 봅니다.

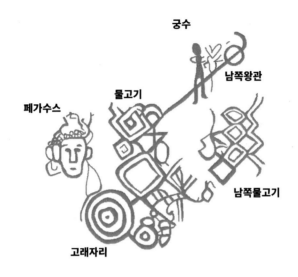

얼굴을 페가수스자리라고 보면, 위 그림은 페가수스자리, 물고기자리, 고래자리, 남쪽물고기자리인데, 궁수자리에 어부가, 왕관자리에 동그라미를 일치시켜 볼 수 있습니다. 맨 위의 7개 마름모 별들은 전갈자리라고 생각해 볼 수도 있습니다. 즉 울주 반구대 고래 그림과 천전리 그림에서 사람 얼굴이 같은 위치를 표현하고 있다고 봅니다. 가을의 대사각형을 얼굴로 본 것은 이와 같은 맥락이라고 봅니다. 동양의 별자리에는 벽수와 살수[14]로 나타나고, 서양에서는 페가수스라는 말의 몸통으로 나타나지만, 달리 보자면 하늘에 밝은 얼굴로 표현할 수 있습니다. 물론 이 얼굴을 가을 대보름달이라고 보아도 됩니다.

---

14) 안상현, 『우리가 정말 알아야 할 우리 별자리』, 현암사, 207~210쪽.

3) 경주 석장동 바위그림

석장동의 암각화의 핵심은 소처럼 생긴 동물이며, 오른편 아래에는 선명하게 드러난 발바닥도 찾아볼 수 있습니다.

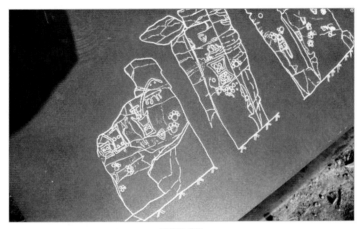

바위의 왼쪽

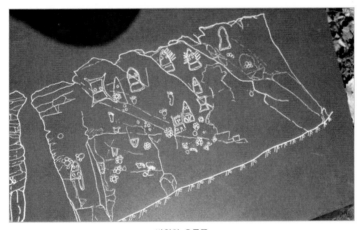

바위의 오른쪽

위 바위 왼쪽 그림을 보면, 선명하게 짐승의 존재를 표현합니다. 네 발짐승과 꼬리가 분명하게 나타나고 꼬리 부분에 점 2개는 북두칠성의 자루라고 봅니다. 얼굴 부위는 곰이라고 볼 수도 있지만, 이는 소를 표현한다고 봅니다. 특히 '十'을 뿔로 보았을 때 이는 소에 가깝습니다. 아래 부분은 소의 얼굴을 표현했다고 보는데, 고령 바위 문자에서 ㅂ으로 간략화됩니다. 전국에 걸쳐 나타나는 방패형 문자는 바로 소의 얼굴 부분을 표현한 것입니다. 이러한 소의 형상은 지역에 따라 거북이나 곰으로 달리 표현할 수도 있습니다. 하늘의 북극성 일대 지역을 표현한 것으로 다양한 상상을 할 수 있습니다. 소의 얼굴 아래 역시 동심원이 있는데, 북극성 일대를 그렸다고 보며, 곰 발자국 2개는 큰 곰 자리의 발 부위에 있는 삼태성 또는 별의 주천을 표현했다고 봅니다. 결국 위 그림도 북극을 중심으로 한 하늘 별자리를 표현한 그림이라고 봅니다. 꽃과 사람 발자국도 모두 별의 모습을 표현한 것입니다.

천상분야열차지도 안에 경주 석장동 소를 대입해 본 모습입니다.

4) 포항 칠포리 바위그림

포항 칠포리 바위그림은 곤륜산 서북쪽 기슭 개울가에 위치하며 길이 3m, 높이 2m의 방패 문양이 들어가 있습니다.

이를 확대해서 살펴보면, 커다란 방배가 나타납니다.

저는 이전까지 족장의 얼굴 혹은 검파형으로 언급되었던 그림을 역시 하늘의 별자리라고 생각해 보았습니다. 북두칠성을 중심으로 한 별자리이고, 이러한 복잡한 형상이 축소되어 이미 보았던 경주 석장동 바위그림의 소 얼굴이 되었다고 봅니다.

5) 전북 익산 호암 범바위 그림

전북 익산 호암리 범바위 그림을 찾아갑니다. 들판 가운데 있는 작은 동산입니다.

들판 가운데 작은 동산에서 찾아볼 수 있는 바위는 전북 익산 호암리 범바위입니다.

바위에는 아주 특별한 문자가 빼곡히 새겨졌습니다. 점과 선이 ㄱ과 세로선 3줄, 다양한 개수의 점들로 구성되어 있습니다.

바위의 전면입니다. 역시 바위 위의 '╪'와 '干' 표식은 함안 아라가야 토기와도 같으며, 이는 곧 별자리의 형상에서 비롯한 부호라고 할 수

있습니다.

옆면에는 金과 비슷한 문자가 새겨져 있습니다. 金이라 읽어도 되지만 원래는 하늘님 표식이고 점은 별을 표시합니다. 후대 한자 金과 일치된 것입니다.

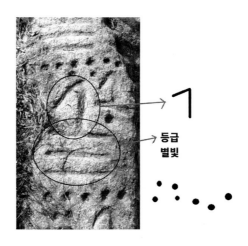

등급
별빛

다시 윗면으로 와서 한 부분을 확대해 봅니다. ㄱ은 별자리 전체 모습을, 아래 三은 현재 서양 별자리처럼 별의 등급을 표현하고, 점 7개는 북두칠성을 표현하고 있는데 후대의 '곰'이란 문자가 되었다고 봅니다.

바로 오른쪽에 작은 ㄱ과 그 아래 ㅇ이 있는데 북두칠성의 축약형이거
나 작은 곰 자리를 표현한다고 봅니다. 바위의 점의 개수는 다른데, 해
당 별자리에서 빛나는 별의 개수라고 봅니다.

6) 남원 대곡리 봉황대 바위

여기서는 네이버 지식백과에 실린 내용을 먼저 살펴봅니다.

"패(牌)형 암각화이다. 남원 대곡리 봉황대 바위 중 아래쪽 바위에 새겨
진 4개 중 한 개이다. 4가지가 각기 다른 형태를 갖고 있다. 테두리의 선이
외줄이며 상부 둘레가 V자형인데, 선이 곧고 꺾임이 날카롭다. 내부 중심
에 세로로 줄을 그어 좌우를 양분했고, 칸마다 3개 혹은 4개씩 구멍을
새겼다. 위쪽 윤곽선 둘레에 짧은 직선을 수직으로 새겼다. 패형 암각화는
전 세계에서 한반도에서만 발견되는 문양이다. 아직 학계에서는 이 문양
에 대한 정확한 해석이 내려지지 않고 있으며, 그 용도나 기능에 대하여
다양한 학설이 제기되는 매우 독특한 문양 암각이다. 각각의 크기와 문양
이 다소 다르지만 선각의 골이 넓고 깊게 패인 점은 같다. 이것은 오랫동
안 갈아 파고 문지르는 조각방식에서 비롯된 것이다. 즉, 반복해서 새기거
나 갈아 파는 주술, 종교의례가 있었음을 보여준다. 지리적 입지로 볼 때
종족의 영역표시, 종족 안보의 기원으로 그 의미를 해석하기도 한다."15)

저는 처음에 맨 위의 여러 개 수직선을 배와 배에 탄 사람이라고 보고, 아랫부분은 그물, 점은 물고기들이라고 읽었습니다만, 전국 각지의 바위 그림을 해석하고 비교하니 이 점은 역시 하늘의 별자리를 표현한 것이라고 봅니다. 머리털처럼 생긴 부분은 '별이 빛난다'라는 의미이고, 사각형은 별자리의 구역을 표현하고, 점 6개는 빛나는 별의 숫자를 표현하고 있다고 봅니다. 그러면 포항의 바위그림과 동일한 의미를 표현하고 있다는 것을 알 수 있습니다.

15) [네이버 지식백과] 대곡리 패형 암각 4(문화콘텐츠닷컴(문화원형백과 한국의 암각화), 2004, 한국콘텐츠진흥원).

　다만, 현재는 안내판의 설명대로 지금은 굉장히 많이 마모가 되어 거의 형체를 알아보기 힘듭니다.

7) 경북 고령 주산 큰골바위

　고령은 가야국 중에 대가야이면서 후기 가야의 중심지였습니다. 이 고령에는 엄청난 양의 바위 구멍들이 보고되고 있는데 역시 하늘의 별 자리를 표시한 것이라고 봅니다.

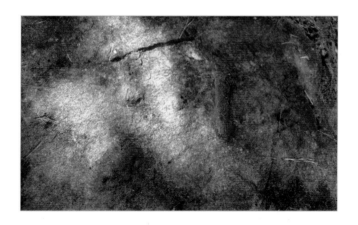

고령 주산 큰골 바위에 'ㄱ'이 나타납니다. 봄철 별자리로 보아도 되고 바위 왼쪽 'U'를 북두칠성이라 보아 서양 별자리로는 카시오페이아 자리로 볼 수도 있습니다. 이와 같은 형상은 울주 방기리에 나타난 ㄱ 과도 같습니다.

양산 통도사 근처의 울주 방기리 알바위 작은 동산 안에서 발견한 'ㄱ'입니다. 역시 하늘의 별자리에서 연유한 ㄱ 부호라고 봅니다.

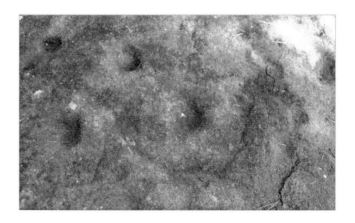

위 고령 바위의 좌측 상단의 U는 울주 반구대 고래 그림의 그물에서
도 찾을 수 있었던 것으로 북두칠성의 국자 부분을 그렸다고 생각해
봅니다.

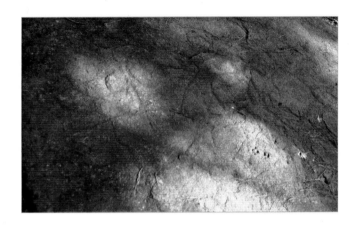

바위 하단부에 분명하게 밭 전(田)의 고형, 우물 정(井)을 2개 볼 수
있습니다. 고누 놀이판이라 생각할 수도 있지만, 현대 별자리의 쌍둥이
별자리를 표현하고 있다고 봅니다. 井, 토기마다 새겨진 이 문자는 위
바위 별자리를 옮겨 문자를 만들고 그것을 더욱 간략한 부호로 나타낸
것입니다. 이 자리는 울주 반구대와 천전리의 사람 얼굴로서 서양의
페가수스자리일 것입니다. 물론 별자리 대응에 따라 쌍둥이자리 등 다
른 별자리로 볼 여지도 있습니다.

8) 경북 영주 가흥리 바위그림

영주에도 멋진 작품이 남아 있습니다. 저는 이 작품들이 고조선 후대에 제작되었으며, 하늘 부호에서 점이 완전히 사라지는 시점의 작품이라 보고 있습니다. 점은 중앙에 1개, 오른쪽에 1개 남아 있고 모두 사라진 모습입니다. 결국 우리 바위그림에 새겨진 다양한 천문을 바위에 옮기며 방패 얼굴로 그려냈던 것이 이후 별이 빠진 단순화된 모습으로 변화한다고 생각합니다.

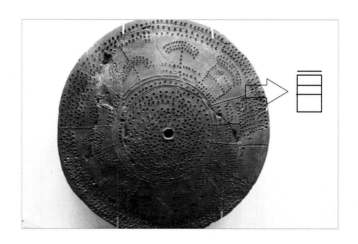

함안 그릇 위 문양도 모두 천문을 그린 모습입니다. 거북 등의 점들은 별을 표현합니다. 특히 目문자처럼 보이는 문양은 바로 영주 문양과 대응된다는 것을 알 수 있습니다.

대구박물관에 있는 거북이 모습 용기입니다. 역시 하늘의 모습을 거북으로 본 것으로 생각합니다.

이렇게 하늘을 거북의 등껍질로 표현한 것에서, 거북의 형상을 곧 하늘로 인식했다고 추정한다면, 토기에 나타난 다양한 거북이들을 새롭게 해석할 수 있을 것입니다. 토기의 거북이 주변 도형은 모두 하늘에서 찾아낸 천문 도형을 의미합니다.

다시 울주 천전리 바위그림에서 거북이를 찾아보면 모두 우주의 전체 혹은 일부인 별자리를 표현하고자 했다고 보며 이는 동서양 별자리의 원류라고 보고 있습니다. 천전리의 모든 그림은 하늘의 별자리를 그린 것인데 오른쪽에서 왼쪽으로 봄, 여름, 가을, 겨울 별자리를 묘사했습니다. 또한 미국 인디언들도 많은 바위그림을 남겼는데, Dorcas S. Miller는 『Stars of the first people』 책에서 모두 별자리인 천문을 표현하고 있다고 밝히고 있습니다.

9) 울주 방기리 바위

울주 방기리 바위에 새겨진 물고기로서 물고기 옆에 점도 선명하게 나와 있습니다. 역시 하늘의 물고기를 표현한다고 봅니다.

같은 맥락에서 희미해져 잘 보이지 않는 얼굴 형상도 밤하늘에 나타난 얼굴 모양의 별자리를 그린 것입니다.

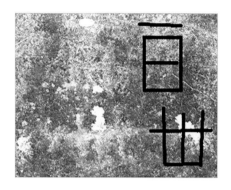

아주 희미하게 문양이 보입니다. 이도 하늘의 방패형 얼굴이 축약된 문양이라고 봅니다.

10) 바위그림의 의미 정리

우리나라 전역에 나오는 바위그림의 의미는 하늘 별자리의 모습을 표현한 것입니다. 경주 '하늘 소'에서 익산 바위의 '金'으로 변하는 과정은 문자의 단순화 과정입니다. 오른쪽은 변화형을 표현한 것인데 토기에 나타나기도 합니다.

제2장 고령에서 찾은 천부인

1. 고령 장기리 바위그림

잘 알려진 우리 문화유산입니다. 장기리 바위그림 중에 오른쪽 편 사각형 모습에 털이 난 그림은 아직도 선명하게 남아 있습니다. 보통

신인상이라 합니다. 이 모습은 곰 또는 소나 사자의 전면을 표현했다고 봅니다. 이는 얼굴을 털로 감싼 부분에 초점을 맞춘 해석입니다. 이러한 털은 또 다르게 빛난다는 의미로 그려졌을 수 있겠습니다. 그렇게 털 혹은 빛의 줄기에 둘러진 ㅁ 안에 여러 개 구멍이 있는데 저는 별로 봅니다. 정 중앙부에 동심원이 있는 그림이 있습니다. 위 사진에 나타난 중앙부 동심원은 희미하기에 실측도로 보겠습니다.

거의 대부분 ㅁ, ㅂ, U 형태 안에 원이 여러 개 들어 있고, 동심원이 주변에 있는 그림입니다. 역시 하늘의 별자리를 표현한 천문도라고 봅니다. 그 중 정중앙의 별자리 부호가 중요한데, 북두칠성 주변의 큰곰자리와 용자리를 표현했습니다. 이 부위는 결국 경주의 '소' 그림과 동일한 하늘의 별자리를 표현했습니다. 보는 지역과 시대에 따라 양식이 조금씩 달라진 것이고 결국은 하늘의 별자리를 부호화한 것입니다.

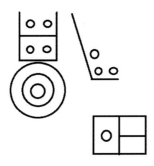

중앙부를 자세히 그려 보았습니다. 동심원을 문자 부호로 보고 한글로 풀어 보면, 'ㅇ, ㆆ, ㅎ'이 될 것이고, 그 위의 'ㅂ'은 'ㅁ과 ㅂ'인데, 'ㅍ'까지 가능하다고 봅니다. 오른쪽은 'ㄴ'인데 돌리면 'ㄱ'이 됩니다. 오른쪽 아래는 'ㄷ과 ㄹ'을 표현합니다. 저는 이것이 우리 겨레의 전설 속 '천부인(天符印)'으로 소리문자와 상형문자의 근원 도형이라 봅니다.

2. 받침 'ㅎ'은 해의 소리와 문자, 받침 'ㅇ' 달의 소리와 문자

고령 장기리 바위 문자를 통해서 놀라운 사실을 알 수 있습니다. 그것은 훈민정음 해례본에 한자음 표기 아래 받침이 없을 경우 ㅇ표시를 왜 하였는가 하는 것입니다. 이것은 바로 고대의 동심원이자 해의 말인 순우리말에 대비해서 달의 소리와 문자임을 표현하는 것이라고 봅니다. 예를 들어 세종어제(世宗御製)란 한자음 표기에 '솅, 엉, 젱'으로 받침 ㅇ을 붙입니다. 게다가 우리말 아래에는 소리가 나지 않는 곳에 ㅎ 음가 표시가 되어 있습니다. 예로 바다의 옛말은 '바랗, 밯, 바닿, 바를'인데, 바라 받침과 바다 받침에 'ㅎ'이 나타납니다. 바다 외에 하늘을 보겠습니다. 하늘, 하늟, 여기서도 받침 'ㅎ'을 확인할 수 있습니다. 땅은 어떨까요? 쌓, 역시 받침 'ㅎ'을 볼 수 있습니다. 알의 옛말 앓도 마찬가지입니다. 이는 의도적으로 문자에 표식을 단 것으로 역시 고령 천부인에서 나온 동심원 표식에 연유한다고 봅니다. 그러니 '받침 ㅎ'을 가진 순우리말은 해의 소리와 문자이고, '받침 ㅇ'을 가진 한자음은 달의 소리와 문자로서 모두 우리 겨레의 소리와 문자라는 표식이라고 봅니다. 그래서 인류의 문자 표기의 근원이 하늘 별자리 부호에서 연유해서 그 부호에 소리 음가를 붙여 소리문자가 되고, 하늘 별자리를 그림으로 본 것에서부터 상형문자가 되었다고 봅니다.

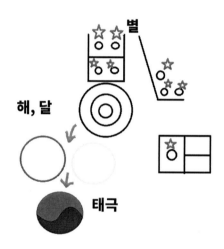

위 도표는 고령 바위그림에 새겨진 중앙 핵심 그림에서 나온 태극 문양과 해달별 표식을 도표로 만든 것입니다. ㅂ과 ㄴ안의 원은 별 무늬를 말하는 것입니다. 이는 곧 훈민정음 한자어 종성에 왜 ㅇ을 붙였는가에 대한 답이 됩니다.

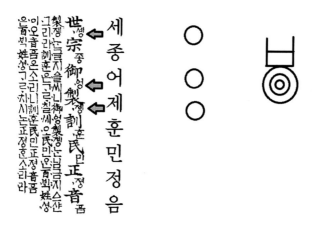

위 도표는 고령 동심원 바위그림에서 나온 동심원의 둥근 원들이 풀어져 3개가 되고, 이는 훈민정음 한자어 종성 ㅇ이 된 모습을 보여줍니다. 한자어 아래 ㅇ 붙이기는 우리말 종성 ㄹㅎ에서 ㄹ 탈락 후 ㅎ이 되고 이 ㅎ이 다시 ㅇ되는 과정을 암시하기 위해 넣은 부호라고 확인했습니다.

3. 신석기 토기의 문자는 고대 별자리 부호

2013년 10월 9일 한글날에 저는 위 그림과 더불어 그에 대한 해석을 제 블로그에 발표했습니다.

한글날 발표하는 하늘 문자, 하늘 한글, 천문, 제 졸저 『고조선 문자』 2 참조. 안상현 지음, 『우리가 정말 알아야 할 우리 별자리』, 현암사, 146~147쪽 참조. 제가 처음에 소를 중심으로 오리 닭 물고기 개 돼지 말로 해석했습니다. 땅에서는 그렇게 해도 되고 하늘에 올리면 견우성을 중심으로 남두육성, 자라별을 표현하는 것입니다. 문자 출처는 이형구님의 책입니다.

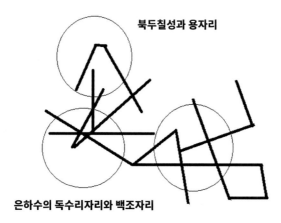

북두칠성과 용자리

은하수의 독수리자리와 백조자리

가을철 대사각형 페가수스자리

그 이후에 위 별자리에 북두칠성이 나타나야 하므로 '소' 부분을 북두칠성과 용자리에, 하늘 닭 부분을 하늘의 독수리와 백조자리로, 남두육성 부분을 페가수스자리로 보았습니다. 그러면 울주 반구대에 나타난 '소' 부호와 여기서 나타난 '소' 부호가 모두 북두칠성을 중심으로 한 용자리를 나타낸다는 것을 알 수 있습니다.

4. 천부인을 바탕으로 우리말 만들기

일반적으로 인류의 말은 자연적으로 발생하고, 우리말과 한자어도 그러하다고 생각합니다. 그러나 다음 자료를 보시면, 우리말과 한자음을 천지인을 통찰하여 의도적으로 만들었을 가능성도 살펴볼 수 있습니다.[1]

1) '배/베'와 '바다'

물 위에서 타는 배의 옛 표기는 '뵈'이고, 사람의 신체의 배, 과일의 배도 마찬가지 표기입니다. 그 외에 논의 '벼', 옷을 만드는 베의 '뵈', 볕의 경남 방언 '베'가 있습니다.

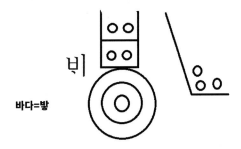

위 문자를 보면 ㅂ은 하늘 별자리에 나와서 어떤 물체를 담는 그릇이나 배를 표현합니다. 그릇이 되면 한자 잔 배(杯)가 됩니다. 바다 위의 배와 잔은 쓰임이 매우 다르지만, 무엇인가를 담는 작용을 한다는 점에서 같은 어원일 수 있습니다. 잔 배(杯)를 좀 더 자세히 찾아보면, '1. 잔 2. (국을 담는) 대접'이라고 되어 있습니다. 여기서 순우리말인 뚝배

---

1) 이 견해에 대해서는 계속적인 공부를 해서 밝혀야 할 부분이고 중간 과정의 견해입니다.

기를 떠올릴 수 있습니다. 뚝배기 그릇과 잔 배(杯)라고 표현할 수 있습니다. 사람의 신체 배를 보면 배꼽을 중심으로 과일의 배와 같아 보이고, 사람 배와 물 위의 배를 은유로 연결하기로 합니다. 햇빛이 왜 경남 방언으로 '베'인가는 위 천부인 그림을 보아야 알 수 있습니다. 동심원이 해이고, ㅂ 부분이 '베'가 되는 것입니다. 논에 자라는 '벼'는 햇빛을 받아 자라는데 둥근 원 부분이 쌀알을 표현한다고 보면 됩니다. 논에서 벼를 기르고, 과수원에서 배를 가꾸고, 어부들이 배를 타고 고기를 잡고에 대응되는 것이 여자들이 베틀에서 '베'를 짜는 것입니다. 이렇게 하늘의 햇빛, 바다의 배, 논의 배, 여자들이 짜는 베, 사람의 배, 사람이 만든 뚝배기, 한자로는 잔 배(杯)가 천지인으로 연결된 의도를 가지고 만든 언어라고 보는 것입니다.

2) 사람의 입, 집의 입구, 동네의 어귀

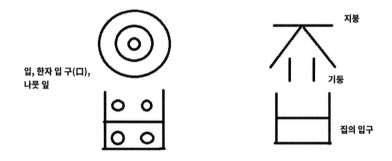

이번에는 동심원을 위로 올리면 [이] 음가가 되고 아래 부분은 [ㅂ] 음가가 되어, 입이 되고, 나뭇잎의 잎,[2] 집의 입구(ㅅㅁ)가 된다고 봅니다. 한자 입(入)은 순우리말 신체 입에서 나온 표현으로 음식물이 들어

---

2) 옛말은 닢, 네이버 국어사전, 나무의 입을 줄인 옛말이라고 봅니다.

오는 입이란 의미라고 봅니다. 구(口)는 구멍이란 의미인데, 한자 口의 고형은 ㅂ으로 입모양이었습니다. 우리말 입의 구멍이 줄어서 한자 '입구(入口)'가 되었다고 보는 것입니다. 그리고 동네 입구인 '어귀'3)도 마찬가지 의미라고 봅니다. 우리말 '집' 도 형상적으로 살펴볼 수 있습니다. ㅈ의 ㅡ은 지붕, ㅅ은 옆모습, ㅣ은 기둥이나 담, ㅂ은 입구, 이렇게 천부인 도형은 소리문자를 상형으로 바라 볼 수 있는 근거 도형이 됩니다. 그 외 우리말에서 한자음이 나온 것은 하나의 장에서 다루도록 하겠습니다.

---

3) 어귀의 옛말은 네이버 국어사전에 '잎, 구ᄌ'로 표현되어 있는데, 역시 우리말 '입'과 '구멍'의 옛말 변음이라고 봅니다.

제3장 토기 위에 나타난 가림토

이번 장에서는 천문 가림토가 바위에만 새겨진 것이 아니라 토기에
도 새겨져 고대 한글의 원 출처가 되었음을 밝히고자 합니다. 김해박물
관에는 갈 때마다 새로운 사실을 발견합니다. 전시 자료를 관람하고
그 관람 자료를 스마트폰으로 찍어서 토기에 나타난 무늬를 자세히 살
펴보면, 이전에 생각하지 못했던 내용들이 계속 나옵니다.

1. 신석기 시대의 용

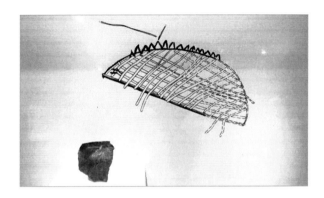

위 사진에 보이는 토기는 '창녕'에서 나온 것으로 김해박물관에 전시된 자료입니다. 몸 전체에 두른 '#'은 가림 표식으로 하늘을 표현 했습니다. 전체 모습은 돼지 같으며 머리에서 등으로 가면서 뿔이 선명하게 나있습니다. 그러나 등에 뾰족한 톱니로 미루어 보아 '용'을 표현한 것이라 할 수 있습니다.

뿔은 더듬이로도 볼 수 있는데 그렇다면 이는 북두칠성이 됩니다. 넓게는 봄여름가을겨울 밤하늘에 나타나는 ㄱ, ㄴ, ㅅ 부호를 표현했다

고도 봅니다. 신석기 시대 이렇게 하늘을 표현한 그림은 후대에 부적과 같은 역할을 했다고 봅니다. 밤하늘을 보고 그 모습을 찾아 그린 것이 '하늘님'이라는 생각이었습니다.

2. 신석기 시대 빗살무늬 토기

김해박물관에 전시된 토기 상단부에는 #이 연속으로 이어져 있습니다.

이 자료는 국립중앙박물관의 빗살무늬토기[1]입니다. 김해 빗살무늬토기와 비교해 보면 토기 아랫부분이 더 깁니다. 이러한 형태를 가진 그릇을 흔히 팽이형토기라고도 부릅니다. 김해토기는 이러한 팽이형이 아랫부분에서 팽이형이 줄어들었고, 빗살무늬도 전면을 덮고 있는 것이 아니라 상단부만 표시되어 중앙박물관보다 후대의 작품임을 알 수 있습니다. 중앙박물관의 토기 그릇에 난 문양은 천문에서 나온 문양으로 모두 고대 문자의 시초가 된 표식이라고 봅니다.

3. 민무늬토기

민무늬토기는 이전에 무문토기(無文土器)[2]로 불렸습니다. 무늬가 없는 토기라 했지만, 자세히 들여다보면 무늬가 남아 있는 그릇도 있다는 것을 알 수 있습니다. 2006년에 발굴된 민무늬토기를 보시면, 여전히 무늬가 남아 있습니다.

---

1) 햇살무늬토기로 하자는 의견을 제시한 학자분들도 있습니다. 이전에는 한자어로 '즐문토기(櫛文土器)'라고 했는데, '즐문'은 우리말 '줄무늬'에서 나온 표현이라고 봅니다.

2) 청동기 시대를 대표하는 우리나라 그릇입니다.

역시 김해박물관에 전시된 민무늬 토기입니다. 무늬가 남아 있는 맨 윗부분을 보면 중요한 문자가 나타납니다.

보다시피 선명하게 X 자가 연속으로 나타나는 것은 양산 토기 위의 X 자와 동일한 의미라고 봅니다. 이는 하늘의 부호로서 음식에 들어오는 잡귀를 막는다는 주술적 의미가 들어 있습니다. 그러니 엄밀히 말해 이 토기는 민무늬가 아니라 'X자 토기'라 해야 합니다.

4. 井, 토기부호

1) 井

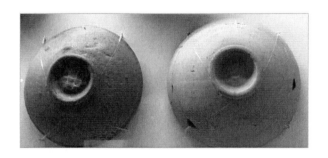

우리 사국시대[3] 토기에 상당히 많이 보이는 '井'은 결국 신석기 시대의 빗살무늬토기에 새긴 가림 무늬가 간략화되어 남은 표식입니다. 하늘 무늬이고, 별자리 표식이고, 가림 무늬이고, 우리 겨레를 대표하는 표식 중 하나가 된 것입니다.

호우명 그릇 저부의 명문 중 상단에 井가 적혀 있습니다. 이는 고구려 광개토호태왕의 표식으로 잘 알려진 부호입니다. 역시 신석기시대부터 새겨진 우리의 부호로서 고구려와 다른 삼국이 동일한 우리 겨레임을 확인시켜 줍니다.

---

3) 기존의 삼국 외에 가야를 포함해서 사국이라 칭합니다.

이 표식은 완전한 ‖ 표식은 아니지만, 가림토 표식과 일치하는 문양입니다. 가림토 문자와 비교해 보겠습니다.

또한 회전하면, ㅍ이 되니, 가림토이기도 하고 이후 세종의 훈민정음에서 하나의 자음이 되기도 합니다.

2) 울주 천전리에서 확인한 ‖

전체 그림의 맨 오른쪽 위에 있습니다.

이는 우리의 겨레 부호인 井이면서 토기 위에 나타난 표식이기도 합니다. 앞서 고찰했듯 신인상으로 일컬어진 형상의 변형이기도 할 것입니다. 그러므로 하늘 방패로서 하늘님을 표현하는 부호인 것입니다.

5. 다양한 토기 부호들

1) ∾ 부호 토기

∽ 표식이 들어 있는 토기이지만, 민무늬토기로 분류되었습니다. 4국 시대에는 이러한 ∽자가 회전되어 S자로 문양이 나타납니다.

위의 자료에 보다시피 이후 사국시대에 오면 ∽이 세워져 S로 나옵니다.

위 토기는 S자 부호가 드러난 토기보다 시대적으로 앞서므로, 이 토

기의 문양은 S 부호 의미를 알려줍니다. 하늘의 별들이 위아래 물결치는 ∧∨ 문양이 부드러워지면서 ∽가 되었습니다. 이것이 다시 세워져 S가 되었다고 봅니다. ∽과 S의 의미는 모두 하늘 가림 문자라는 것인데 굳이 자세한 대응을 찾아보자면, 용의 모습을 한 별자리 혹은 은하수가 되겠습니다.

2) ㅅ과 원방각의 한글 부호

사국시대에 오면 토기마다 엄청난 부호가 그릇에 표현됩니다. 토기의 여러 부호들은 그냥 도형으로만 인식할만 합니다. 하지만 그릇 부호가 곧 문자임을 고려한다면, 세종 한글 이전에 한글을 사용했다는 것을 알 수 있습니다.

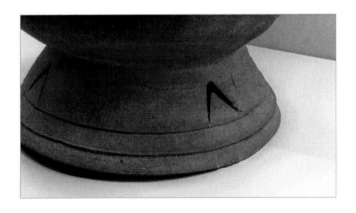

ㅅ 부호가 그릇 하단에 선명합니다.

이 문양은 ㅅ의 변화형입니다.

위 부호들은 훈민정음 해례본에 따르면 '가을'을 표현하며, 가을철 별자리의 상징부호입니다. 현대 별자리에 대응하자면, 페가수스 근처를 표현하는 부호입니다. 물론 단순히 ∨ ∧의 가림의 표식 중 ㅅ이라고 보아도 무방합니다.

이 토기에는 ㅅ과 ㅿ이 동시에 들어갔습니다. 역시 ㅿ도 세종의 한글에 나옵니다.

△만으로 무늬가 구성된 토기입니다.

원도 해달별을 형상화한 것으로 역시 한글입니다.

아래의 네모난 구멍은 한글인 'ㅁ'이 되었고, 방위로는 중앙, 계절로는 늦여름에 해당하는 별자리를 의미합니다.

6. 특이한 문양

뚜껑의 주위로 단순한 부호보다 복잡한 선각이 자리합니다. 이는 나뭇잎을 두른 것이며, 나뭇잎으로 하늘을 가리는 모습을 간략화한 것입니다. 기본 원방각 도형이 아니더라도 토기에 새긴 모든 선들은 하늘의 가림을 여러 형상으로 나타낸 것입니다.

7. 고려와 조선 시대의 별 부호

하늘의 별들이 양각의 점으로 표현된 모습입니다.

　　고려시대와 조선시대에 오면 밖으로 나온 점들이 그릇 안으로 들어
갑니다.

진주청동기박물관 자료

진주청동기박물관 전시품 중에도 그릇 안에 멋진 점들이 있습니다. 위 그릇 안의 점들은 처음 바위에 새긴 것과 같은 것입니다. 익산 바위 자료는 하늘을 바위 위에 새긴 것이고, 그릇 안의 점은 그릇 안에 하늘을 담은 것입니다. 그릇의 점이 그릇 굽는 과정에서 포개어진 흔적이란 견해도 있습니다만, 그런 것도 있을 것이고 마지막 사진은 별을 점으로 표현한 것이 분명합니다.

이런 하늘 별자리들이 축소되어 그릇 안에 점으로 들어오게 되는 것입니다. 결국 이런 점들의 표현 양식은 문자가 되어 가림토에도 나오고 점선토 각필문자4)에 나오고 훈민정음 모음에 나오게 되는 것입니다.

---

4) 점토 각필문자라고 하나 선이 들어 있으니 점선토 각필문자라고 한다.
　임용기·홍윤표, 『국어사 연구 어디까지 와 있는가』, 태학사, 2006, 626쪽.

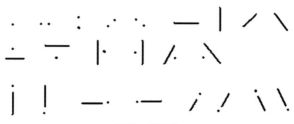

점선토 각필문자

8. 토기 문자

1) 대간(大干)

우리 토기에는 문자들이 새겨져 있습니다. 이는 처음에 천문 부호였으나 현재는 중국 한자 영향으로 한자라고 인식되어 박물관에도 그와 같이 전시되어 있습니다. 대표적으로 '대간(大干)'으로 읽는 문자들이 있습니다.

이 그릇은 경남 창녕에서 나온 것입니다. 그릇에 있는 문자를 '대간 (大干)'으로 알고 있습니다. 한자로 보면 '대간(大干)'이지만, 전국의 바위 그림과 그릇의 문자를 검토한 결과 우리 가림토 문자라고 봅니다. 이는 하늘님 표식으로 하늘이 귀신으로부터 사람들을 지켜주고 복을 준다는 의미이며, 나중에 복을 구하는 다양한 한자 표기로 변했다고 봅니다.

역시 '대간(大干)'으로 읽는 다른 그릇입니다.

일면 한자 '대간(大干)'을 붙여 놓은 것 같지만 위 문자는 하늘의 별들 총 집합체를 표현하는 것으로 창녕 '대간(大干)'처럼 '하늘님' 표식입니다.

2) 대왕(大王)

'大王대왕'명 항아리

한자로 보면 당연히 '대왕(大王)'입니다. 저는 이 표식이 천문에서 나온 것으로 大는 하늘의 별을 말하고, 王은 하늘의 다양한 별자리를 표현한다고 봅니다. 특정 별자리를 찾자면 오리온 자리일 것입니다. 모두 주술적 의미로 하늘님이 보우하여 주십사하는 가림토 표식입니다.

3) 본(本)

위 사진 자료는 국립중앙박물관에 있는 강원도 토기 문자입니다. 그

냥 보기에 本이 확실하고, 가림토 문자를 알지 못한 상태에서는 그 의미를 알 수가 없습니다.

　문자 부분만 다시 자세히 들여다보고 나타난 글자 그대로를 적어 보았습니다. ㅈ은 가림막이면서 용자리이고 ㄱ은 북두칠성이라고 봅니다. 가을철 페가수스자리 근처를 표현했다고 보아도 됩니다. 혹 조명 때문에 중간 연결선을 제가 보지 못했을 수도 있으니 네이버 포토 뷰어 편집기의 클리어를 사용해 보겠습니다.

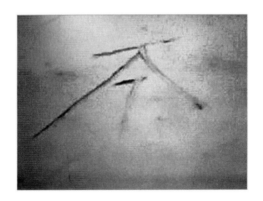

　한 번 더 확인을 하기 위해 이번에는 흑백을 이용해 보겠습니다.

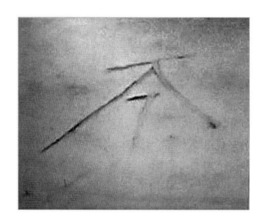

ㅈ과 ㄱ이 이어져 있지 않으니 本이 아닙니다. 그러므로 이는 가림 표식으로 하늘 별들에게 우리를 지켜달라고 하는 표식이라고 봅니다.

9. 신석기 토기 문양 모음

김해박물관에 여러 번 가도 보지 못했던 자료였습니다. 중요한 신석기 토기 문양들을 모두 모아 둔 자료였습니다.

문양을 자세히 들여다보겠습니다.

ㅅ 부호들이 중첩된 문양입니다. 이미 살펴보았듯이 청동거울과 후
대 토기에서 계속 나타난 주요 문양입니다. 가을철 ㅅ이라 해도 되고,
하늘 천지사방의 별들이라 해도 됩니다.

ㅅ을 돌린 W 문양입니다.

#이 선명합니다. 옆에 사선 2개가 있으니, ㅅ을 겹친 #이라고 보아도 됩니다.

그릇의 문자를 자세히 보면, ʏ 모습의 물방울 혹은 물고기 문양이 있습니다. 역시 별자리를 응용한 문양입니다. 이런 신석기 토기의 문양은 별자리에서 따온 문양으로 하늘님의 보호와 복을 구하는 의식이 들어 있고 후대의 그릇에 간략한 문자나 점으로 나타나게 됩니다.

빗살무늬토기는 신석기 시대 한반도 전역에 퍼졌으니, 대표적인 선사 유적지인 서울 암사동에도 가치가 높은 신석기 토기들이 남아 있습니다. 부분 무늬들 이름은 다음과 같습니다.5) 이 부분 무늬를 고찰해 보면, 우리 토기 고유의 문양에서 부호문자가 출현했다고 보는 것입니다.

---

5) 서울 암사동 선사박물관.

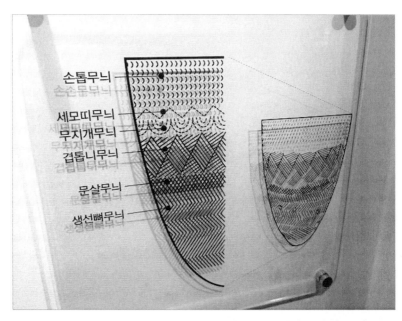

손톱무늬

세모띠무늬

무지개무늬

겹톱니무늬

문살무늬

생선뼈무늬

제4장 청동거울에 나타난 천문부호

1. 대성동 고분 청동거울

　이는 제가 『고조선 문자』 2)에서 국적 문제를 제기한 청동거울이며, 계절–별자리와 관련한 천문 부호를 찾아볼 수 있겠습니다.

봄여름가을겨울과 동서남북(東西南北)에 한글을 배당한 제자해(制字解)[2] 내용을 요약하면 다음과 같습니다.

목구멍소리-겨울, 어금니소리-봄, 혓소리-여름,
잇소리-가을, 입술소리-늦여름

서쪽 봄의 부호입니다. 오른쪽 부호와 연결하면, '가'가 정확히 나옵니다. 봄의 자연 표식은 '꽃'입니다. 고어는 '곶'[3]입니다. 봄의 부호는 'ㄱ'입니다.

---

1) 본인이 중국의 박국경이 아니라 우리의 청동거울이라 주장하였다.
2) 국립국어원 편, 『알기 쉽게 풀어쓴 훈민정음』, 생각의나무, 2008, 95쪽 참조.
3) 네이버 국어사전.

　'ㄴ'은 여름 표식입니다. 별자리는 궁수의 꼬리, 전갈의 꼬리 '미수'이
기도 합니다. 자연은 '나무'입니다. 'ㄴ'이 나오는데 왼쪽 ㅓ를 ㄴ 안쪽
에 붙이면 '너'가 됩니다.

　위 사진은 늦여름으로 훈민정음에서는 'ㅁ'입니다. 방위로는 중앙이
고 토(土)입니다.

가을의 ㅅ입니다. 천지사방을 막는 부호로서 가을이 아니라도 늘 볼 수 있는 부호입니다. 집현전 학자의 견해를 따르고, 고구려 벽화를 살펴보면 '천마'자리입니다. 가을의 자연 부호는 가을 추수의 '쌀'입니다. 겨울은 'ㅇ'으로 겨울의 신성한 고리인 6각 다이아몬드를 의미하는데, 청동거울 안의 모든 둥근 원을 말합니다.

2. 훈민정음과 천문 부호에 관한 단상

이 책을 집필하던 중에 훈민정음과 천문과의 관계를 증명하신 분이 있다고 하시기에 책을 구하려고 했으나 절판 상태라서 블로그를 통해서 단편적으로 확인할 수밖에 없었습니다. 하늘 별자리에 한글 부호를 입힌 자료가 제시되었기에 저자 본인이 그린 별자리 그림 이전에 별자리에 한글 그림을 입힌 연구가 있었음을 명시하는 바입니다. 제 연구는 천문에서 가림토 한글 표현이 주되고 반재원님의 자료는 천문과 한글 연구가 주된 것이지만 겹치는 부분이 많을 것으로 생각되어 내용은 생략하고 그림 한 장을 제시하는 것으로 마무리하겠습니다.

출처: 반재원·허정윤, 『한글 창제원리와 옛글자 살려 쓰기』, 역락, 2007.

제5장 부여 청동기에 새겨진 문양의 의미

이번 사진은 국립부여박물관에 전시되어 있는 복원된 대쪽 모양의 동기입니다.

그 중 상하부를 온전하게 모두 갖춘 중간의 동기에는 작은 손 문양이

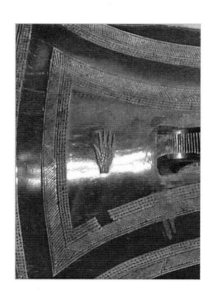

새겨져 있습니다. 이 손 문양을 회전시키면, 이 손은 별의 집합으로 하늘의 방패를 의미하는 것입니다. 축소해서 보면 미국 인디언들이 오리온자리라고 하는 별자리이기도 합니다. 이 손 모양은 바로 산동 신석기 토기의 오봉산 모습이기도 합니다. 손 안에 수많은 점들이 있어 별을 의미한다는 것을 알 수 있습니다. 위로 솟아오르는 것은 '해, 달, 별, 알, 둥근 울타리'를 표현한다고 봅니다.

부여 박물관
청동문양

신용하 교수님의 아사달, 대문구 산동 신석기 토기 문양

부여박물관에는 이처럼 손 문양이 들어간 대나무 모양의 청동기 외에 삼각형 문양을 가진 나팔형 청동기도 있습니다. 역시 삼각형 안에 많은 점들이 있고 이는 별들을 표현합니다.

김해박물관과 각지의 토기에 보이는 삼각형과 ㅅ 문양은 모두 이런 하늘의 산 혹은 방패를 의미하는 것으로 하늘이 보호한다는 의미를 담고 있습니다.

제6장 경주 토기 위 문양의 의미

1. 토기 위의 인형

국립경주박물관의 신라시대 소장품 중 다양한 인형, 즉 토우들이 토기 위에 붙어 있는 것이 있습니다.

거문고 타는 사람, 거북이, 새, 개구리, 뱀, 엎드린 사람 등이 하나의

토기 위에 붙어 있습니다. 개구리와 뱀, 새가 있는 부분 옆에는 동심원들이 있습니다.

위 토기의 배경으로 들어 있는 둥근 동심원들은 우리 바위그림에 나오는 동심원에서 이어진 문양으로 해달별을 의미합니다. 수직선들도 모두 별을 이은 것으로 사람을 가려 막아주는 존재를 의미합니다. 『신라토우 영원을 꿈꾸다…』[1]를 보면, 아주 다양한 사람 토우들이 삶의 형태를 보여주고, 육지와 바다의 각종 동물들의 인형들도 만나게 됩니다. 이 인형들은 모두 하늘의 모습을 표현하고 그런 이상적인 나라가 이 땅에서도 펼쳐지기를 바라는 염원을 담은 토우라고 보는 것입니다.

---

1) 국립중앙박물관, 『신라토우 영원을 꿈꾸다…』, GNA커뮤니케이션, 2009.

국립중앙박물관 전시 자료

토기 목 부분에는 # 문양이 있고, 아래 몸통에는 다양한 무늬를 몸에 새긴 말들이 행진하고 있습니다. 하늘의 별들을 이어서 말의 모습으로 표현한 것입니다. 하늘을 표현한 말들은 다양한 형태의 토우들과 같은 의미로서 별자리를 말합니다.

경주박물관에 있는 충주 누암리 출토품입니다. # 표식이 선명한데 하늘님 표식으로 하늘 별들을 이은 도형이라는 것입니다.

'대(大)'가 새겨진 수키와입니다. 그러나 저는 앞서 토기에 새겨진 大
가 한자 '大'가 아닌 별의 모습을 표현한 것이라 고찰했습니다. 이에
따라 해당 토기도 하늘의 별이라 볼 수 있습니다. 이를 뒷받침하듯 기
와의 문양을 보면 위아래 #을 연속으로 두르고 있습니다. 중앙 위의
문양 大는 봉황이나 용의 발 부분입니다. 지금으로 치면, 추상화입니다.

　이렇게 문자편에서 다양한 우리나라 각지의 바위그림, 토기 위 문양,
그릇 안의 그림과 점, 청동기에 새겨져진 문양들을 다각적으로 검토해
보았습니다. 이는 우리 고유의 하늘 숭배 사상에서 나온 것으로 하늘님
은 곧 해·달·별이고, 이를 간략화해서 고대 한글을 만든 것입니다. 이
별자리 고대문자가 우리에게는 상형한글이고 중국으로 가서 갑골문이
된 것입니다.

제7장 고대 한국 토기 무늬와 인더스 문자

인더스 문자[1]는 현재 해독이 안 된 상태로 인류 문화의 수수께끼로 남아 있습니다. 그런데 이 문자도 우리 토기 문자가 나타나는 경로를 그대로 따랐다고 봅니다. 우리 토기 문자가 빗살무늬토기에서 빗살이 생략되어 부호로 나타나듯, 인더스 문자도 토기에 새긴 문양에서 나온 문자라고 보는 것입니다. 그 의미는 우리 토기 문자처럼 하늘의 가호와 하늘의 문양을 표현하고자 했고, 후대 문양들이 추가되었다고 보는 것입니다. 현재 학자들이 상형과 소리 문자로 해석을 지속적으로 시도하고 있으나 완전한 해독이 안 된 것은 이 문자가 완전한 문자로 진입을 못한 무늬 형태의 문자라는 것입니다.

이 자리는 간략하게 그 의미를 나타내는 몇 개의 문자 경로만 제시하고 마치겠습니다.

---

[1] THE INDUS SCRIPT(Texts, Concordance and Tables), IRAVATHAM MAHADEVAN, 구글에 인더스 문자 관련 자료들이 많이 올라와 있다.

번호는 THE INDUS SCRIPT(Texts, Concordance and Tables), IRAVATHAM MAHADEVAN의 자료의 번호입니다.

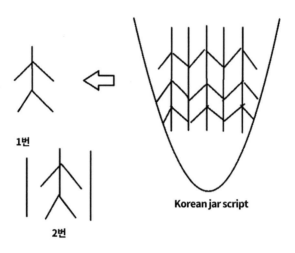

한국의 빗살무늬 토기 중 일부 무늬만을 떼어 사람 모습으로 만든 것입니다. 양쪽 옆 수직선도 마찬가지입니다.

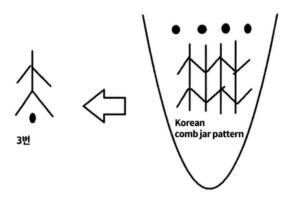

아래 점은 후대 훈민정음의 아래 아 점이 되고 인도계열 문자의 점이

되지만, 원래는 빗살무늬 토기 다음의 점혈 무늬 토기2)의 점입니다. 주로 토기 맨 위에 있다가 인더스 인장에 들어가면서 주로 문자의 아래에 위치한 문자가 되었습니다.

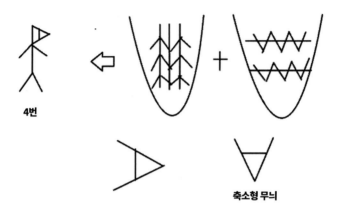

4번

축소형 무늬

좀 괴상하게 보이는 인더스 문자도 축소형 무늬들의 결합형입니다.

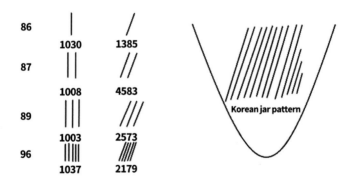

위 인더스 문자의 수직선과 사선은 그냥 우리 빗살무늬 토기의 문양

---

2) 일반적으로 토기 문화에서 '공혈토기'라고 부릅니다.

을 축소한 문자이고 수평선이 되면 우리 첨수도 문자와 아라가야 토기 도부호가 됩니다.

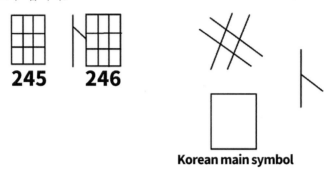

Korean main symbol

역시 우리 문자의 ㅁ과 井의 결합 문자들입니다.

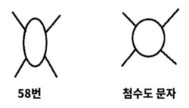

58번   **첨수도 문자**

인더스 58번 문자는 첨수도의 문자와 완전히 같습니다. 이렇게 한국 무늬와 인더스 문자가 빗살무늬토기의 토기 무늬로부터 충분한 연결성을 가지고 있고 인더스 문자는 문자로서의 역할을 가지지 못한 무늬 단계의 문양이라고 봅니다.

제**2**편 언어편

제1장 인류의 첫 언어에 대한 고찰

1. ㅎ의 존재

저는 고령 장기리 바위 문자를 설명하면서 훈민정음 한자어 종성 표식에 ㅇ이 있는 것은 우리 하늘 말 표식이라고 주장했습니다. 그 증거를 우리말에서 더 찾아본다면, 그 증거 자료의 출발점은 우리말 '종성 ㅀ/ㅎ'입니다. 그러면 어떻게 그 자료를 쉽게 찾을 수 있을까요? 네이버 국어사전 검색창에 'ㅎ 휴지(休止)'를 넣게 되면, 중요 단어를 만나게 됩니다.

　　하낳, 바랋, ㅅ닿, 긿, 숳, 냏, 듫, 옳, 옳, 앓, 팋, 가욿, 겨욿, 고욿, 마욿, 욯(위), 딯, 낳, 곻, 잫, 많, 깇, 낳, 돓, 구듫, 모밇[1]

다음 동사와 서술형용사를 통해서도 ㅎ의 존재를 알 수 있습니다.

---

1) 편의상 현대적 표현으로 단어를 적었습니다.

낳다, 넣다, 놓다, 샇다/쌓다, 빻다, 끓이다, 앓다, 곯다, 찧다, 짛다, 끊다, 않다(안하다), 잃다, 뚫다, 꿇다, 땋다/닿다, 닳다, 닳다, 배호다(배우다), 돟다, 싫다, 많다

위 단어들을 보면, 종성 ㅀ/ㅎ에 해당하는 단어들이 우리말의 핵심 기초 단어라는 것을 알 수 있습니다. 공통점은 '종성 ㅀ/ㅎ'이라는 것입니다. 특이한 점은 가장 기본적인 단어인 '하늘' '바다' '땅'의 옛말에는 모두 ㅎ이 붙어 있다는 것입니다.

1) 하늘 ⇨ 하늘, 하늟2)
2) 땅 ⇨ 쌓
3) 바다 ⇨ 바랗, 밯, 바닿, 바를

그 외에도 자연, 공간을 뜻하는 단어들에는 모두 종성에 ㅎ이 붙어 있습니다.

4) 터 ⇨ 텋
5) 뜰(정원) ⇨ 뜳
6) 들/들판 ⇨ 드릏
7) 들이나 벌판 ⇨ 밓
8) 동산 ⇨ 위앟
9) 길 ⇨ 긿

우리 집의 안뜰과 바깥 들판 모두에 종성 ㅎ이 붙어 있습니다. 흙의

---

2) 옛 한글 표기법은 네이버 사전에서 가져왔다. 특별한 표식이 없는 한 옛 한글 출처는 '네이버 국어사전'이다.

예를 보겠습니다. 그러면 흙의 옛말은 '흙'이고, 방언은 '흙, 허럭, 혹, 홀, 흐럭'이니, 위 내용들에 비추어 첫 발음을 추리해 보면 '흙'이었다고 누구나 추리할 수 있습니다. 그리고 ㅎ은 쉽게 ㄱ으로 변하니 더욱 그러합니다.

* 흙(추정 단어) ⇨ 흙

10) 도랑 ⇨ 돌, 돓
11) 내 ⇨ 냏

내도 도랑도 물이 흘러가는 길입니다. 이들에는 바다와 마찬가지로 ㅎ이 붙어 있습니다. 그러면 우리말 '가람'의 출처도 생각해 볼 수 있습니다. '람' 부분을 '랋'으로 만들면 모든 원칙에 맞게 됩니다.

* 갏/가랋(추정 단어) ⇨ 가람

12) 뫼(산) ⇨ 묗
13) 숲 ⇨ 숯, 숩
14) 나물 ⇨ ㄴ뭃
15) 뿌리 ⇨ 불휘
16) 그루터기 ⇨ 그릏

뫼, 숲, 나물에도 ㅎ이 붙어 있습니다. 그래서 '나무'도 원래는 '냏'이었다고 봅니다. 나무의 옛말은 '나모, 낡'이고, 방언으로는 '낭, 낭구, 낭이, 남구, 남귀, 냉기, 무투, 남그, 낭게, 낭개'[3]가 있습니다. 옛말과

---

3) 네이버 국어사전.

방언 간의 관계를 고찰하면, '낡'이 늘어져 '남구, 남긔, 남그'가 되고 종성 ㅁ이 ㅇ으로 변하여 '낭구'가 됩니다. 그리고 앞에서 검토했듯이 종성 ㅇ은 ㅎ에서 왔습니다. 이를 통해 우리 첫 어원은 '낳'이었다고 보고, 이는 '높은 존재'라는 것입니다. 이 중 평안 방원 '무투'가 특별한데, 나모의 '모'가 '무투'로 변했습니다. 이 변음은 현재 '심마니어'로 '무두'로 남아 있기도 한데, 이를 통해 우리말은 초원 지역에서 산악지역으로, 현재 해당하는 지역으로 따지면 남한에서 북한으로 전파되었다고 볼 수 있습니다.

* 낳(추정 단어) ⇨ 낭, 나모

우리의 마을과 고을도 보겠습니다.

17) 마을 ⇨ ㅁ슳
18) 고을 ⇨ 고욿, 고욿, ㄱ욿

고을과 마을의 옛말에도 종성에 ㅎ이 붙어 있습니다.

19) 가을 ⇨ ㄱ슳
20) 겨울 ⇨ 겨슬, 겨슳
21) 올해 ⇨ 욿
22) 나이 ⇨ 낳
23) 그늘 ⇨ ㄱ늟
24) 저녁 ⇨ 나죻
25) 장마 ⇨ 맣

이와 같이 계절과 연도, 날씨와 관련된 단어에도 종성에 ㅎ이 있습니다. 봄, 여름의 ㅁ도 ㅎ 변음이라고 추리할 수 있습니다. 그렇다면 돌과 바위는 어떨까요?

26) 돌 ⇨ 돓
27) 바위 ⇨ 바회

바회의 회도 돓의 ㅎ 종성처럼 고대 한국어 표식이라고 봅니다. 다음은 신체 부위입니다.

28) 코 ⇨ 곻
29) 팔 ⇨ 봃, 폴
30) 이마 ⇨ 니맣
31) 꼭뒤 ⇨ 곡뒿
32) 샅 ⇨ 삿ㅎ
33) 배알 ⇨ 비숗

신체 부위에는 ㅎ이 비교적 적게 남아 있지만, 모두 ㅎ이 붙어 있었다고 봅니다.
이와 같은 맥락에서 사람이 만든 물건에도 고대 표준어 종성에 'ㄹㅎ/ㅎ' 표식을 찾을 수 있습니다.

34) 칼 ⇨ 갏
35) 자 ⇨ 잫
36) 움/움집 ⇨ 움ㅎ
37) 바퀴 ⇨ 바회
38) 종이 ⇨ 죠히
39) 말뚝 ⇨ 맗

40) 날/칼날 ⇨ 늟

41) 날(실, 새끼, 노끈) ⇨ 늟

42) 끈 ⇨ 긶

43) 구들 ⇨ 구듧

44) 울타리 ⇨ 욹

45) 섶/옷섶 ⇨ 섶

46) 어량(물고기 잡는 도구) ⇨ 둟

47) 거푸집 ⇨ 솧

곡식류로는 '밀과 메밀'이 있고, 그 외의 먹거리로 '마'가 있습니다.

48) 밀/메밀 ⇨ 밣/모밣

49) 마 ⇨ 맣

더 명확한 증거로 숫자를 들어 보겠습니다.

50) 둘 ⇨ 듧4)

51) 셋 ⇨ 셓

52) 넷 ⇨ 넿

53) 열 ⇨ 엻

다른 숫자들은 어떤지 위 자료를 토대로 추리해 보겠습니다.

듧 ⇨ 두나 (방언)

셓 ⇨ 세나 (방언)

---

4) http://krdic.naver.com/detail.nhn?docid=10652400

넣 ⇨ 네나 (방언)

　현재 '하나'의 옛말은 '한'이지만, 그 이전 음가는 '핳'으로 추리할 수 있습니다. '핳'이었을 당시는 'ㅏ' 음가도 나오기 전이니 더 정확하게는 '홓'이 될 것이며, 이는 한, 할, 항, 홍, 훔, 훈, 황, 홍 등으로 파생되는 소리입니다.

　* 홓/핳 ⇨ 한 ⇨ 하나

　다섯부터 아홉까지도 역으로 추리해 보겠습니다.

　* 다섯 ⇨ 다슣(옛말 표기는 없지만 추리)
　* 여섯 ⇨ 여슣(옛말 표기는 없지만 추리)

ㅎ이 ㅅ이 변음하는 경우입니다.

　* 일곱 ⇨ 닐궇(옛말 표기는 없지만 추리)
　* 여덟 ⇨ 여듧 ⇨ 여듫(옛말 표기는 없지만 추리)
　* 아홉 ⇨ 아홓(옛말 표기는 없지만 추리)

ㅎ이 ㅂ으로 변하는 단계는 ㅎ ⇨ ㅍ ⇨ ㅂ이며, 숳 ⇨ 숩 ⇨ 숲에서 잘 알 수 있습니다.
　앞뒤, 위아래도 살펴보겠습니다.

　54) 위 ⇨ 마딕, 웋
　55) 뒤 ⇨ 뒿

사람이 대상인 경우도 2개 있습니다.

56) 아내 ⇨ 안해
57) 임자 ⇨ 님잫

가축은 어떤지 보겠습니다.

58) 개 ⇨ 가히
59) 오리 ⇨ 올히

그러면 소는 숳/소히, 말은 맗/말히, 돼지(돝)는 돓, 닭은 닳으로 추정해 볼 수 있습니다. 실제 '쇠에'5)란 방언이 있는데, '-에'가 '-히'의 변음이라 봅니다. 우리가 잘 아는 단어 '알'의 옛말은 '앓'입니다.

60) 알 ⇨ 앓

마지막으로 '나라'의 옛말을 보면 다음과 같습니다.

61) 나라 ⇨ 나랗6)

이를 통해 한반도에서 나라라는 개념이 생긴 후, 현재 러시아, 인도, 독일, 영국 일대로 뻗어나갔다는 것을 알 수 있습니다.

위에 제시된 자료를 보건데 우리말에는 모두 ㅎ이 붙은 단어들로 처

---

5) 네이버 국어사전. [방언] '소(솟과의 포유류)'의 방언(경남).
6) 네이버 국어사전. 독어는 '나찌온', 영어는 '네이션', 힌두어는 '라스트라'로 남아 있지만, 러시아어는 народ [나로토/나로도]로 더 정확히 남아 있습니다. 네이버 러시아사전과 구글 사전 참조.

음 시작했습니다.

그 외 흔히 'ㆁ'를 말하는 꼭지 ㅇ이라는 단어들도 있는데, 역시 ㅎ의 변음입니다.

콩, 솅, 부헝

우리말 중 'ㄺ'으로 종성이 끝나는 단어도 원래는 'ㅀ'이었다고 봅니다.

닭, 칡, 맑다, 묽다, 밝다 등.

2. ㅎ의 변음

ㅎ은 ㅌ, ㅋ, ㄱ, ㅅ, ㅈ, ㅊ, ㅇ, ㅍ, ㅂ으로 바뀌기도 합니다. 그 중 먼저 ㅎ에서 ㅇ으로 가는 우리말을 살펴보겠습니다. 초성 ㅎ에서 ㅇ으로 가는 단어는 '부헝'이란 단어가 있습니다. 현 우리말은 '부엉이'입니다. 초성 ㅎ이 ㅇ으로 바뀌고 꼭지 ㅇ이 ㅇ으로 바뀌었습니다. 다음 또 다른 단어로 '죠희'입니다. 현 우리말은 '종이'입니다. 방언으로 '조오, 조우, 종애, 조후, 조희, 조, 조에, 조구, 종외, 종우, 종오, 조이'[7]가 있습니다. 방언에 '-후와 -희'가 남아 있지만, 대부분 방언과 현대 국어에서 '-오/-우/-에/-외/-이'로 변음 되었습니다.

다음의 예는 색깔에 관한 우리말 변음입니다.

하얗다 ⇨ 하양
빨갛다 ⇨ 빨강

---

7) 네이버 국어사전.

파랗다 ⇨ 파랑

노랗다 ⇨ 노랑

까맣다 ⇨ 까망

위의 예를 보시다시피, 색을 뜻하는 형용사가 명사형이 되면서 종성 ㅎ이 ㅇ으로 변합니다. 이렇게 변음되는 ㅎ과 ㅇ 사이가 한자어 종성에 나타난다는 것입니다.

한자어에 종성 ㅇ이 나타나는 단어들을 보시겠습니다.

강, 공, 경, 광, 낭, 농, 당, 동, 망, 몽, 명, 방, 봉, 병, 상, 성, 승, 송, 숭, 장, 정, 종, 중, 창, 충, 항, 홍, 형, 황, ……

이런 단어들은 결국 우리 고대 한국어 종성 ㅎ에 온 것으로 봅니다.

강, 공, 경, 광, 낭, 농, 당, 동, 망, 몽, 명, 방, 봉, 병, 상, 성, 승, 상, 장, 정, 종, 중, 창, 충, 항, 홍, 형, 황, ……

이런 사실을 통해서 보면, 한자어는 우리 고대 한국어에서 나온 언어라는 것을 알 수 있습니다. 이런 학설을 더 증명해주는 자료가 우리 조선한글 자료에 들어 있습니다.

七 月 日 曰 屈 節 佛 實
칧 ·묧 싏 ·묧 ·귫 ·졇 ·뿛 ·씷
칠 월 일 왈 굴 절 불 실

윤형두의 『옛 책의 한글판본』(범우사, 2007)

이 자료를 보면, 한자어 종성에 모두 'ㅎ'이 붙어 있습니다. 즉 원래 한자음에도 'ㅭ'이 표준어 종성이었다가 'ㅀ' 되고 'ㅎ' 탈락 후 'ㄹ'만 남은 것이 현 한자어 종성입니다. 더 고어 종성을 추정하자면, 'ㄹㅎㅎ'이 고 이 'ㄹㅎㅎ'에서 'ㅀ'이 되고, 이는 우리말 명사형 종성과 중국 한자음 종성에 동일하게 나타납니다.

3. 물고기 -티를 통해서 본 우리말 -히와 한자어 -어(魚) 추리

먼저 우리 머릿속에 들어온 물고기 어(魚)를 점검해 보겠습니다. 상어, 문어, 장어, 붕어, 고등어, 병어, 숭어 등 그 누구라도 한자어에서 온 표현이라 인식하고 있습니다.

1) 고도리, 고등어

'고도리'는 '고등어'의 우리 옛말입니다. '꼬도리'와 '고동무치'는 경남 방언이고 '고대'는 경북 방언입니다. -어가 붙는 방언으로는 고도에 (함경), 고두에(평안, 함경), 고망어(경기, 함경, 황해), 고마어(평북, 함경)[8] 가 있습니다. 앞에서 밝힌 우리말의 표시인 종성 ㅎ을 적용해 보자면, '고둫'이 우리 첫말이라 볼 수 있습니다. 이 종성이 늘어지면서, 남한에 서는 주로 '-리, -티, -치'가 되고 북으로 가면서 주로 '-어/-에'로 나타 난다는 것을 잘 알 수 있습니다. 이 북한의 지점이 중국의 산동, 상나라 입니다. 그래서 북한의 위도와 대략 같은 산동에 위치한 한민족 중 '상부족'이 중원 문화를 개척한 것이 중국의 역사인 것입니다. 흔히 고도 어(古道魚/古刀魚)에서 우리말 '고도리', 한자어 '고등어'가 나왔다고 생 각하기 쉽지만, 원래는 우리말 '고도리'에서 북상한 북한 방언 '고도에'

---

8) 네이버 국어사전.

에서 나온 한자어 '고도어'입니다.

2) 멸치, 멸어

먼저 멸치의 옛말은 '멸티'이고, 방언으로는 '멘치, 멜, 멜타구, 멜티, 메치, 메루치, 메러치, 며루치, 미루치, 미러치, 미치, 열치, 멜따구'가 있습니다. 옛말 '멸티'를 생각해 보면, '-티'는 '-히'의 변음입니다. 그러면 '멜히'가 나오게 되고, 더 줄임말은 '멣'이 됩니다. 즉, 멸치의 우리말은 '멣'에서 출발했다고 보면 되는 것으로 고등어의 '고동'과 같은 과정을 거쳤다고 봅니다.

멣 ⇨ 멜히 ⇨ 멜티(옛말) ⇨ 멸치(현대어)

그리고 중요한 것은 멸치의 한자어 '멸어(鱴魚)'입니다. '멸어'라는 최종 음가에서 변하여 '멸치'가 되었다고 생각하기는 어렵습니다. 그런데 왜 같은 음을 사용하고 있을까요? 그것은 한자어를 만든 사람들이 고대 한국인의 일부였기 때문입니다. 그리고 제주 방언인 '멜'을 생각해 본다면 다시 한번 멸치를 통해 언어의 출처와 전개 과정을 추리할 수 있겠습니다. 여기서 처음 생겨난 단어가 남부 지방을 거쳐 북쪽으로 올라갔으며 이것이 다시 산동과 중원으로 퍼졌다고 보는 것입니다. 그러면 한자어 -어(魚)는 무엇이냐 하면, 다음 변음 과정 속에서 나온 것입니다.

멣 ⇨ 멜히 ⇨ 멸어(鱴魚), 한자어

3) 갈치, 도어(刀魚)

갈치의 옛말은 '갈티'이고, '갏'과 '-티' 결합형이라고 보았습니다. 멸치의 옛말이 '멸티'이듯, 갈치의 옛말은 '갈티'입니다. 여기서 가장 이른 고어를 추리해보면, '갏히'입니다.

　　갏 ⇨ 갈히 ⇨ 갈티(옛말) ⇨ 갈치(현대어)

의미를 풀어서 '도어(刀魚)'라고도 하지만, '갏' 음가를 적용해서 한자어를 만들어 보자면, '검어(劍魚)'입니다.

4) 밴댕이를 통한 물고기 어(魚) 증명

반댕이의 옛말은 '반당이'입니다. 처음 -히에서 출발해서 '-티, -치, -리, -이, -비, -미'로 우리말이 늘어져서 만들어진 단어 중 '-이'에 해당됩니다. 방언 중에 '당의 ㄷ'이 'ㅈ'으로 변한 반전어9)와 빈징어10)가 있고, 충남과 황해를 지나면서 '-어'가 형성되었다는 것을 알 수 있습니다. 이 지점이 고대 중국의 산동이고, 상나라인 것입니다. 이런 관점으로 보면, 문어, 오징어, 고등어, 장어, 상어 등 -어가 붙은 단어는 모두 고대 한국인들의 언습이라고 추리할 수 있습니다. 반댕이는 한자어로는 '반초어(飯鮹魚)'라고 하는데, 역시 우리말 '반전어/빈징어'에 맞춘 고대 이두입니다.

5) -히와 -티의 변화

이런 검토를 통해서 우리 물고기를 말하는 우리말 끝에 달린 '-어'는

---

9) 네이버 국어사전. 황해 방언.
10) 네이버 국어사전. 충남 방언.

모두 -히에서 나온 변음이라고 생각해 봅니다. 아래에 정리해 보겠습니다.

히 ⇨ 티 ⇨ 치: 멸치, 참치, 꽁치, 날치, 버들치, 통치, 갈치, 한치, 누치, 꺾치, 강준치, 낙지, 준치, 어름치, 밀치, 가물치, 곰치, 삼치, 밀치

티의 변음 '-태'를 그대로 만든 한자어: 명태(明太)

히 ⇨ 디: 불거디(버들치 옛말)

히 ⇨ 리/니: 고도리, 도다리, 부시리, 쏘가리, 볼락, 고래, 피리, 쉬리, 치리, 동사리, 갈겨니, 큰납지리, 자가사리, 입실납자루, 퉁사리, 꾸구리, 빠가사리

히 ⇨ 이: 전갱이(메가리), 밴댕이

히 ⇨ 개/기: 동자개, 미호종개, 메기

히 ⇨ 미: 가자미

4. 물고기 외의 동물을 지칭한 단어를 통한 '희'의 구체적 예[11] 제시

1) -히와 -해가 옛말인 경우

① 개＝가히
② 오리＝올히
③ 이리＝일히
④ 고니＝고해
⑤ 부헝(이)＝부헝히

---

11) 네이버 국어사전.

* 방언에 -히가 있는 경우

⑥ 여우(여시)＝여히

2) 방언이나 옛말에 -이/-에로 남아 있어 -히/-해의 변음임을 알 수 있는 단어

① 소/쇼＝소에＝소헤

② 새＝생이＝샣히

③ 게＝겡이＝겛히

④ 톳기＝토깽이＝토깼히

⑤ 쥐＝쥉이＝쥃히

⑥ 뱀＝배앵이＝배햏히

⑦ 러울＝러훌

⑧ 거위/거유＝거휘/거휴

⑨ 승량이＝승량히

⑩ 고양이＝괭이＝괗히

⑪ 거북(이)＝거북히

⑫ 벌에＝벌헤

⑬ 누에＝누헤

⑭ 굼벵이＝굼벻히

⑮ 구렁이＝구렇히

⑯ 새요(새우)＝새후

⑰ 올창(이)＝올찯히

⑱ 간챙이(까치)＝간챓히

⑲ 까마우＝까맣후

⑳ 도래이(도롱뇽)＝도랳히

㉑ 소금쟁이(거울)＝거훌

㉒ 풍뎅이＝풍뎅히

㉓ 비닭이(비둘기)＝비닯히

㉔ 남생이＝남생히

㉕ 디롱이(지렁이)＝디롱히

㉖ 메띠이(메뚜기)＝메띠히

㉗ 귀뚜리(귀뚜와미)＝귀뚤히

㉘ 지넹이＝지넿히

㉙ 뵈짱이(베짱이)＝뵈짱히(베짱히)

㉚ 낄낄이(여치)＝낄낄히

㉛ 올갱이(올뱅이, 다슬기)＝올갱히

3) 추정으로 종성 ㅎ/-히/-해를 찾을 수 있는 단어

① 닭＝닯, 달히 ⇨ 달기

② 말＝맕, 말히

③ 톳(돼지)＝톬, 톨히/돈해

④ 벌/버리＝벐/벌히

⑤ 고래＝골해

⑥ 곰＝곰해 ⇨ 심마니어 곰패

⑦ 범＝범히 ⇨ 한자어 호(虎)

⑧ 나비＝나히

⑨ 물고기＝물고히＝~어(魚)

⑩ 수리＝술히

⑪ 해가 매, 혹은 매＝맿/매히, 해는 송골, 조롱, 해동

⑫ 삵(살쾡이)＝삸, 살행히

⑬ 번데기＝번데히

⑭ 고라니＝고라히, 돌려 효근(노루)

⑮ 사슴＝사슴히

⑯ 눍(노루)＝노리/놀갱이＝놀갱히

⑰ 두텁(두터비, 두꺼비)＝두터히, 두꺼히

⑱ 개고리, 머구리＝개골히, 머굴히

⑲ 늑대＝늑해

⑳ 오소리＝오솔히

㉑ 쪽져비(족제비)＝족졀히

㉒ 져비(제비)＝졀히, 져히

㉓ 납(원숭이)＝낳히

㉔ 온바미(올빼미)＝올밣히

㉕ 갈며기(갈매기)＝갈몋히

㉖ 담비(담뵈)＝담히

㉗ 고키리(코끼리)＝고길히

㉘ 고슴도치(고슴돝)＝고슴돟, 고슴도히

㉙ 두더쥐＝두더쥟(히)

㉚ 댓뎌구리(딱다구리)＝댓뎌궇히

㉛ 어영가시(사마귀)＝어영갛히

㉜ 거믜＝거희/거히

㉝ 잠자리＝잠자히

㉞ 물찍게(물장군)＝물찍혜

㉟ 달파니(달팽이)＝달퍟히

㊱ 가재＝가해

㊲ 자래기(자라)＝자래히

* 사람＝사람히＝사람 -이/-치, 인(人)

5. 변음 규칙

한국어와 고대 한자어 사이에서 작용하는 일정한 변음 규칙이 있습니다. 한국어와 일어 사이에 나타나는 현상과 동일한 규칙입니다.

1) ㅂ ⇨ ㅎ

저는 한국어와 일어 사이에 다음과 같은 변음 규칙이 있음을 파악하고 제가 제일 먼저 규칙을 찾은 줄 알았습니다.

별 ⇨ 호시
배 ⇨ 후네
뱀 ⇨ 헤비
봄 ⇨ 하루
불 ⇨ 히
빛 ⇨ 히가리
밥/반 ⇨ 항

그런데 아주 오래 전에 산 서정범 교수님의 책에도 이미 그 규칙이 파악되어 있다는 것을 알고 놀라운 기쁨을 느꼈습니다.

3-8-7 병아리[12]

hiyoko(일어)

---

12) 서정범, 『우리말의 뿌리』, 고려원, 1989, 316~317쪽, 핵심적인 내용만을 추렸습니다. 주어진 번호는 서정범 교수님이 부여한 번호입니다.

hiyoko는 국어 비육이 그대로 일본으로 건너간 것이라 하겠다.

hina(일어)

hina의 어근은 hin이고 pit으로 재구된다. 국어 비육의 조어 pit과 일치하고 있다.

3-8-8 비둘기

어근이 '빋'으로 나타나는 것은 공통된다.

hato(일어)

일본어 hato는 pato로 재구되며 어근 pat이 재구된다

그 외에도 많은 단어들의 대응 관계를 잘 정리하셨고, 더 놀라운 것은 우리말과 한자어의 관계를 매우 가까운 사이로 보았다는 것입니다.

"7. 국어의 조어와 중국어의 비교[13]

우선 중국어도 알타이 어족과 동계라는 것을 예상할 수 있다.

알타이 제어와 중국어가 연결된다는 것은 중국어의 조어가 알타이 조어와 공통된다는 것을 보여 준다고 하겠다.

그런데 알타이 제어 중에서도 한국어와 더 가깝다고 하는 것은 주목할 일이다. 더구나 신체어에 있어서 거의 일치하고 있다고 하는 것은 중국어족과 한족(韓族)이 보다 친밀성을 지니고 있었다고 하는 이야기가 될 것

---

13) 서정범, 『우리말의 뿌리』, 고려원, 1989, 467~469쪽.

이다."

위와 같은 교수님 학설은 제 공부를 뒷받침하는데 중국 상나라 민족이 우리 동이족 일부이기 때문에 가능한 연구 결과입니다. 현재 상나라 민족이 동이족 일부라는 연구 결과가 역사학계에서 나오고 있습니다. 제가 먼저 찾았다고 생각했던 단어도 일부 있는데, 몇 단어는 제 연구와 완전히 같은 단어였습니다.

7-4-13 木[14]

막대기와 木 연결은 제 공부와 동일합니다.

7-4-14 松

솔은 중국어 松과 연결된다. 역시 제 공부와 일치합니다.
심지어

7-5-6 飯

밥을 飯과 연결하고 있습니다.
우리말 안에서도 ㅂ에서 ㅎ으로 가는 단어가 있습니다.

밝다＝환하다
뻔하다＝훤하다
반하다＝홀리다

---

14) 서정범, 『우리말의 뿌리』, 고려원, 1989, 456쪽.

이런 변음 작용이 한자어에서 규칙적으로 많이 일어납니다. ㅂ은 원래 ㅍ으로 가지만, ㅂ에서 ㅎ으로도 잘 변음됩니다.

1-1. 바다 ⇨ 해(海)

1-2. 반디 ⇨ 형(螢)

1-3. 불 ⇨ 화(火)

1-4. 불 ⇨ 후(煦)

1-5. 벼 ⇨ 화(禾)

1-6. 벼 ⇨ 학(稻)

1-7. 범 ⇨ 호(虎)

1-8. 바둑 ⇨ 혁(弈)

1-9. 받치다, 부러워하다, 받다 ⇨ 흠(歆)

1-10. 버티다 ⇨ 항(抗)

1-11. 벼슬 ⇨ 환(宦)

1-12. 벗나무 ⇨ 화(樺, 椛)

1-13. 부르다 ⇨ 호(呼)

1-14. 배호다 ⇨ 학(學)

1-15. 버섯 ⇨ 환, 균(菌), 권

1-16. 뼈 ⇨ 해(骸)

1-17. 뺨(ㅅ밤) ⇨ 협(頰)

1-18. 벨 ⇨ 할(割)

1-19. 번데기 ⇨ 향(蠁), 회(蛔)

1-20. 범벅 ⇨ 함(糷)

1-21. 밝을 ⇨ 호(晧)

1-22. 박 ⇨ 호(瓠)

1-23. 빛날 ⇨ 화(華)

1-24. 빛날 ⇨ 형(炯)

1-25. 빛날 ⇨ 황(煌)

1-26. 빛날 ⇨ 황(韹)

1-27. 밭두둑 ⇨ 휴(畦)

1-28. 밝을 ⇨ 현(炫)

1-29. 밝을 ⇨ 황(晃)

1-30. 밝을 ⇨ 황(晄)

1-31. 밝을 ⇨ 황(曠)

1-32. 밝을 ⇨ 확(曤)

1-33. 이슬 빛날 ⇨ 현(泫)

1-34. 불거진 눈 ⇨ 현(睍)

1-35. 뱃전 ⇨ 현(舷)

1-36. 비름 ⇨ 현(莧)

1-37. 마음이 밝을 ⇨ 황(愰)15)

1-38. 볼 ⇨ 황(眖)

1-39. 밝게 빛날 ⇨ 황(炾)

1-40. 밝고 흰할 ⇨ 황(翁)

1-41. 몸 부을 ⇨ 황(膹)

1-42. 불 밝을 ⇨ 황(熿)

1-43. 붉을 ⇨ 홍(紅)

1-44. 날 밝으려 할 ⇨ 홍(烘)

1-45. 바람 소리 ⇨ 홍(颋)

1-46. 불 모양 ⇨ 홍(烐)

1-47. 빠른 바람 ⇨ 홀(颮)

1-48. 붙잡을 ⇨ 확(攫)16)

---

15) '환하다'라는 우리말 의미로 접근해도 됩니다.

16) '확 붙잡다'라는 우리말 의미로 접근해도 됩니다.

1-49. 뿔 ⇨ 학(觷)

1-50. 비둘기 ⇨ 학(鸏)

1-51. 보리떡 ⇨ 홀(麧)

1-52. 보법(우리말)[17] ⇨ 헌(憲)

1-53. 봉우리 ⇨ 헌(巘)

2) ㅂ에서 ㅍ으로

ㅂ에서 ㅍ으로 가는 경로는 우리말 안에도 잘 나타납니다. 바람이 다른 단어와 결합하면, '마파람', '휘파람'이 됩니다. 갯벌은 '갯펄'로 나타나고, '빈둥빈둥'을 중심으로 '핀둥핀둥, 삔둥삔둥, 밴둥밴둥, 팬둥팬둥'이 나타납니다.

2-1. 바람 ⇨ 풍(風)

2-2. 붓 ⇨ 필(筆)

2-3. 부수다 ⇨ 파쇄(破碎)

2-4. 베 ⇨ 포(布)

2-5. 보람 ⇨ 표(標)

2-6. 박 ⇨ 표(瓢)

2-7. 비키다 ⇨ 피(避)하다

2-8. 버리다 ⇨ 폐(廢)하다

2-9. (닫아) 버리다 ⇨ 폐(閉)

2-10. 빠르다 ⇨ 표(嘌)

2-11. 박쥐 ⇨ 복(蝠)과 편(蝙)

2-12. 부엌(브섭) ⇨ 포(庖)

---

17) 네이버 국어사전. 품격과 법도(法度)를 아울러 이르는 말. 크고 높고 깊은 '하다'의 '헌'.

2-13. 보금자리(포근하다) ⇨ 편(便)하다

2-14. 방게 ⇨ 방기(螃蜞), 팽기(蟛蜞)

2-15. 뻐꾸기 ⇨ 포곡(布穀)

2-16. 볶다 ⇨ 편(煸)

2-17. 부들 ⇨ 포(蒲) 혹은 항(芫)

2-18. 비탈 ⇨ 파/피(陂)

2-19. 뿌리다/퍼트리다 ⇨ 파(播)[18]

3) ㄷ에서 ㅈ으로

우리 현대어 중 'ㅈ'은 상당수 옛말 'ㄷ'에서 나왔습니다. 가장 대표적
인단어는 '좋다'인데 옛말은 '둏다'[19]입니다.

3-1. 대나무 ⇨ 죽(竹)

3-2. 돈 ⇨ 전(錢)[20]

3-3. 닻 ⇨ 정(碇)

3-4. 돛대 ⇨ 장(檣)

3-5. 달릴 ⇨ 주(走)

3-6. 두루 ⇨ 주(周)

3-7. 뜰 ⇨ 정(庭)

---

18) 현 한자어와 현대 중국어 사이에도 동일한 변음이 나타납니다. 네이버 글로벌 회화 문장
중 하나를 보겠습니다. 논스톱 편이 있나요? 有直飞航班吗?[Yǒu zhífēihángbān ma?/ 여우
즈페이 항빤 마?] 여기서 한자어 '직비(直飛)'가 '즈페이'란 현 중국어로 변음되었습니다.

19) 네이버 국어사전.

20) 돈에서 전으로 가는 경로는 쉬운 변음 관계이지만, 쉽게 알 수 있지는 않다. 여기에 제시
된 10개 이상의 단어를 모아보고 우리말 안의 ㄷ에서 ㅈ으로 변음을 이해할 수 있다면
이해 가능하다. 즉 고대 한자어 발음은 '전(錢)'이 아니라 '돈(錢)'이었고, 우리말은 '돈'
그대로 유지했으며, 한자어는 한자음 정착 시기에 '전'으로 바뀐 것입니다.

3-8. 더하다 ⇨ 증(增)

3-9. 아들 ⇨ 자(子), 들의 ㄷ의 ㅈ

3-10. 뜻 ⇨ 지(志)

3-11. 담 ⇨ 장(墻)

3-12. 닥나무 ⇨ 저(楮)

3-13. 손바닥의 닥 ⇨ 장(掌)

4) ㅍ에서 ㅊ으로

4-1. 풀 ⇨ 초(草)

4-2. 푸를 ⇨ 청(青)

4-3. 파 ⇨ 총(蔥)

4-4. 펴다 ⇨ 전(展)

5) ㅍ에서 ㅎ으로

5-1. 풀다, 풀어헤치다 ⇨ 해(解)

5-2. 피 ⇨ 혈(血)

5-3. 피 ⇨ 황(衁)

5-4. 팔 ⇨ 현(怰)

5-5. 풍뎅이 ⇨ 황(蟥)

5-6. 피나무 ⇨ 확(檴)

1)부터 5)까지는 상대적으로 쉽게 이해할 수 있는 변음을 우리말 안에서, 더 나아가 우리말과 한자어 사이에서 살펴보았습니다. 지금부터는 조금 난이도가 올라간 변음을 살펴보겠습니다.

6) ㅂ이 ㅍ을 거쳐 혹은 그대로 변음되어 ㅊ, ㅈ, ㅅ이 됩니다.

ㅂ 뒤에 ㅅ이 붙어 있다가 떨어지면서 ㅅ, ㅈ, ㅊ이 되었다고 볼 수도 있습니다.

ㅂ ⇨ ㅍ ⇨ ㅊ

6-1. 봄 ⇨ 폼 ⇨ 춘(春)

쏨에서 ㅅ이 ㅈ, ㅊ이 되어 춘이 됩니다. 영어는 ㅆ에서 sp-가 되어 나타납니다.

6-2. 바쁘다 ⇨ 퐁 ⇨ 총(匆)
6-3. 벌레 ⇨ 풍 ⇨ 충(蟲)
6-4. 배게 ⇨ 핌 ⇨ 침(枕)
6-5. 병아리(비유) ⇨ 푸 ⇨ 추(雛)
6-6. 빌다 ⇨ 푹 ⇨ 축(祝)
6-7. 버금 ⇨ 파 ⇨ 차(次)
6-8. 볶다 ⇨ 편 ⇨ 초(炒)
6-9. 부끄럽다 ⇨ 피 ⇨ 치(恥)
6-10. 부르다 ⇨ 팡 ⇨ 창(唱)
6-11. 비(자루) ⇨ 푸 ⇨ 추(帚)
6-12. 붓다/부풀다 ⇨ 팡 ⇨ 창(脹)
6-13. 비비다 ⇨ 파 ⇨ 차(搓)
6-14. 비롯하다 ⇨ 팡 ⇨ 창(創)
6-15. 빚/빈 ⇨ 패 ⇨ 채(債)

ㅂ ⇨ ㅍ ⇨ ㅈ

ㅂ 뒤에 ㅅ이 붙어 있다가 떨어지면서 ㅅ, ㅈ, ㅊ이 되었다고 볼 수
있습니다.

6-16. 발 ⇨ 폭 ⇨ 족(足)

6-17. 밭 ⇨ 편 ⇨ 전(田)

6-18. 빗 ⇨ 플 ⇨ 즐(櫛)

6-19. 바탕 ⇨ 필/힐 ⇨ 질(質)

6-20. 번개 ⇨ 편 ⇨ 던 ⇨ 전(電)

6-21. 빨간 ⇨ 퍽 ⇨ 적(赤)

6-22. 벼룩 ⇨ 포 ⇨ 조(蚤)

6-23. 베다 ⇨ 푸 ⇨ 주(誅), 참(斬)

6-24. 붓다 ⇨ 푸 ⇨ 주(注)

6-25. 비녀 ⇨ 팜 ⇨ 잠(簪)

ㅂ ⇨ ㅍ/ㅎ ⇨ ㅅ

6-26. 별 ⇨ 평/형 ⇨ 성(星)

6-27. 비리다 ⇨ 평/형 ⇨ 성(鮏)

6-28. 뱀 ⇨ 파/하 ⇨ 사(蛇)

6-29. 보다 ⇨ 피/히 ⇨ 시(視), 살펴보다

6-30. 빠르다 ⇨ 폭/혹 ⇨ 속(速)[21]

6-31. 받다 ⇨ 푸/후 ⇨ 수(受)

6-32. 버들치 ⇨ 푸/후 ⇨ 수

---

21) 우리말 안에서 빠르다(速)는 '싱싱, 싸게 싸게'로 변화됩니다.

6-33. 부채 ⇨ 푸/후 ⇨ 선(扇)

6-34. 베껴 쓰다 ⇨ 파/하 ⇨ 사(寫)

6-35. 뽕나무 ⇨ 팡/항 ⇨ 상(桑)

6-36. 비로소/바야흐로 ⇨ 피/히 ⇨ 시(始)

6-37. 부럽다 ⇨ 편/헌 ⇨ 선(羡)

6-38. (흙) 빚다 ⇨ 포/호 ⇨ 소(塑)

6-39. 배 ⇨ 편/헌 ⇨ 선(船)[22]

6-40. 번쩍일 ⇨ 픔/험 ⇨ 섬(閃)

7) ㅂ이 ㅎ을 거쳐 ㅌ으로

7-1. 벗다 ⇨ 할 ⇨ 탈(脫)

8) ㅂ이 ㅎ을 거쳐 ㅇ으로

8-1. 밤 ⇨ 햐 ⇨ 야 (夜)

8-2. 비 ⇨ 후 ⇨ 우(雨)

8-3. 밖 ⇨ 회 ⇨ 외(外)

8-4. 밤 ⇨ 흍 ⇨ 율(栗)

8-5. 벼로 ⇨ 현 ⇨ 연(硯)

8-6. 버들 ⇨ 휴 ⇨ 유(柳)

8-7. 바라다 ⇨ 휜 ⇨ 원(願)

8-8. 바위 ⇨ 함 ⇨ 암(巖)

8-9. 벼랑 ⇨ 학 ⇨ 악(崿)

8-10. 바회(바퀴) ⇨ 훈 ⇨ 윤/륜(輪)

---

22) 우리말 안에서 배(船)는 '마생이(목선)'로 표현됩니다.

8-11. 바구니 ⇨ 형 ⇨ 영(籯)

8-12. 부드럽다 ⇨ 휴 ⇨ 유(柔)

8-13. 베다 ⇨ 혜 ⇨ 예(刈)

8-14. 부리다 ⇨ 혁 ⇨ 역(役)

8-15. 벙어리 ⇨ 하 ⇨ 아(啞)

9) ㅂ에서 ㅎ으로 다시 ㄱ으로

9-1. 빛 ⇨ 황 ⇨ 광(光)[23]

9-2. 바지 ⇨ 호 ⇨ 고(袴)

9-3. 빈 ⇨ 홍 ⇨ 공(空)

9-4. 뼈 ⇨ 홀 ⇨ 골(骨)

9-5. 부지런할 ⇨ 혼 ⇨ 근(勤)

9-6. 비둘기 ⇨ 후 ⇨ 구(鳩)[24]

이번에는 우리말 초성이 사라져 한자음이 ㅇ되는 경우를 보겠습니다.

10) ㅁ에서 ㅇ으로[25]

10-1. 물 마시다 ⇨ 음수(飮水)

10-2. 말(씀) ⇨ 어(語)

10-3. 매 ⇨ 응(鷹)

---

23) 우리말 '빛'과 한자어 '광'을 쉽게 이해할 수 없습니다. 다만 ㅎ 음이 중간 전달 음가로
작용한다는 것을 깨우치면, 갑골문 초기 발음은 '광'이 아니라 '빛' 혹은 '방(光)'이었다는
것입니다. 한자어 정착 시기에 '방'에서 '황', 다시 '광'이 된 것입니다.

24) 비둘기 소리 '구구'에서 나왔다고 해도 됩니다.

25) 중간 변음 과정은 ㅁ, ㅂ, ㅅ, ㅈ, ㄱ에서 ㅎ으로, ㅎ 다음 ㅇ으로 표현할 수 있다.

11) ㅂ에서 ㅇ으로

    11-1. 비 ⇨ 우(雨)

12) ㅅ에서 ㅇ으로

    12-1. 소 ⇨ 우(牛)
    12-2. 수컷 ⇨ 웅(雄)

13) ㅈ에서 ㅇ으로

    13-1. 집 ⇨ 우(宇), 혹은 그대로 '주(宙)'

14) ㄱ에서 ㅇ으로

    14-1. 곰 ⇨ 웅(熊)

15)부터는 변음의 핵심적인 역할을 하는 'ㅎ' 음가가 어떻게 변하는지를 보겠습니다. ㅎ은 모든 초성으로 자유롭게 변합니다.

15) ㅎ에서 ㅎ 탈락 ㅇ

    15-1. 해 ⇨ 일(日)[26]
    15-2. 한 ⇨ 일(一)[27]

---

26) 날 일(日)의 경우, ㄴ이 탈락해서 ㅇ으로 갑니다. 우리말 안에서의 기본적인 변음 중의 하나입니다.
27) 해 ⇨ 일(日)과 마찬가지 원리로 ㅎ이 ㅇ으로 변합니다.

15-3. 흐르다 ⇨ 유/류(流)

15-4. 후벼내다, 할퀴다 ⇨ 알(挖)

15-5. 헤어지다 ⇨ 영/령(另)

15-6. 할 ⇨ 위(爲)

16) ㅎ에서 ㄱ, ㅋ으로

16-1. 활 ⇨ 궁(弓)

16-2. 함께 ⇨ 구(俱)

17) ㅎ ⇨ ㅅ, ㅈ, ㅊ 중의 ㅈ

17-1. 할아버지/하나비 ⇨ 조(祖)

18) ㅎ ⇨ ㅅ, ㅈ, ㅊ 중의 ㅅ

18-1. 혀 ⇨ 설(舌)[28]

19) ㅎ ⇨ ㅌ, ㄷ

19-1. 하늘 ⇨ 텬 ⇨ 천(天)

19-2. 흙 ⇨ 토(土)

19-3. 한(크다란 의미) ⇨ 태(太)

19-4. 핥다 ⇨ 뎨 ⇨ 지(舐)

---

[28] 서: '혀(1. 동물의 입 안 아래쪽에 있는 길고 둥근 살덩어리)'의 방언(경남, 전라, 충청), 심: '힘'의 방언(강원). 우리말 ㅎ이 방언에서 ㅅ으로 납니다.

20) ㅎ에서 ㅍ으로29)

　　20-1. 해질 ⇨ 폐(敝)

21) ㅎ에서 ㅂ으로30)

　　21-1. 흰 ⇨ 백(白)
　　21-2. 해오라기 ⇨ 백로(白鷺)

　위와 같이 ㅎ에서 다른 음가로 변음되는 것과 반대로 다른 음가에서 ㅎ으로 가는 과정을 보여 줍니다.

22) ㅌ, ㄷ, ㄸ에서 ㅎ으로

　ㄷ에서 ㅎ으로 변음 과정을 좀 더 자세히 하자면, ㄷ 다음 ㅌ, ㅌ 다음 ㅎ이 됩니다. 혹은 ㅭ, ㅩ에서 ㄷ과 ㅌ이 생략된 뒤 나타난 ㅎ으로 보아도 됩니다.

　　22-1. 뒤 ⇨ 후(後)
　　22-2. 두터울 ⇨ 후(厚)
　　22-3. 틈 ⇨ 하(罅)
　　22-4. 데울 ⇨ 하(煆)
　　22-5. 두꺼비 ⇨ 하(蝦)
　　22-6. 따뜻하게 할 ⇨ 후(休)

---

29) ㅍ과 ㅎ은 서로 왔다 갔다 합니다.

30) 1) ㅂ ⇨ ㅎ에서 먼저 우리말 초성 ㅂ이 ㅎ 간다는 것을 증명했습니다. 이 변음 관계는 역으로의 경우입니다.

22-7. 떠들썩할 ⇨ 홍(哄)

22-8. 떠들썩할 ⇨ 화(嘩)

22-9. 두려워할 ⇨ 황(惶)

22-10. 대숲 ⇨ 황(篁)

22-11. 들보리 ⇨ 황(橫)

22-12. 트일 ⇨ 활(闊)

22-13. 당길 ⇨ 확(㸆) 혹은 곽

22-14. 드릴 ⇨ 헌(獻)

22-15. 도울 ⇨ 호(護)31)

22-16. 동다/좋다 ⇨ 호(好)32)

22-17. 담비 ⇨ 학(貃)

22-18. 돌산 ⇨ 학(㟅)

22-19. 터럭 ⇨ 호(毫)

23) ㅇ에서 ㅎ으로

우리말 ㅇ의 원래음가는 ㅎ이었다고 추정할 수 있습니다.

23-1. 아래 ⇨ 하(下)

23-2. 여름/녀름 ⇨ 하(夏)

23-3. 어찌 ⇨ 하(何)

23-4. 울부짖을 ⇨ 후(吼)

23-5. 아름다울 ⇨ 후(姁), 할머니 ⇨ 후(姁)

23-6. 아름다울 ⇨ 휴(烋)

---

31) 도울 도 ⇨ 토 ⇨ 호 경로로 이해하면 더 쉽습니다.

32) 동다/좋다 ⇨ 토 ⇨ 호 경로로 이해하면 더 쉽습니다.

23-7. 이지러질 ⇨ 휴(虧)

23-8. 어지러울 ⇨ 현(眩)

23-9. 외로울 ⇨ 혈(孑)

23-10. 어질 ⇨ 현(賢)

23-11. 이룰 ⇨ 형(佣)

23-12. 어리둥절할 ⇨ 황(慌)

23-13. 웅덩이 ⇨ 황(潢)

23-14. 어머니 ⇨ 황(媓)

23-15. 달빛이 어스름할 ⇨ 황(胱)

23-16. 어지러울 ⇨ 홍(訌)

23-17. 어두울 ⇨ 홍(眱)

23-18. 아이 울 ⇨ 홀(㾞)

23-19. 어두운 새벽 ⇨ 홀(曶)

23-20. 움킬 ⇨ 확(攫), 확 움켜잡다 ⇨ 확(攫)

23-21. 우뚝할 ⇨ 홀(扢)

23-22. 우뚝 솟을 ⇨ 흘(屹)

23-23. 어그러질 ⇨ 헌(譃)

24) ㄱ, ㅋ에서 ㅎ으로

ㄱㅎ과 ㅋㅎ에서 ㄱ과 ㅋ 탈락 후 ㅎ이 나타났다고 추정할 수 있습니다.

24-1. 꽃/곳 ⇨ 화(花)

24-2. 그림 ⇨ 화(畵)

24-3. 골 ⇨ 학(壑)

24-4. 깊을 ⇨ 화(澕)[33]

24-5. 가물 ⇨ 한(旱)

24-6. 구멍 ⇨ 혈(穴)

24-7. 검을 ⇨ 흑(黑)

24-8. 기침 ⇨ 흑(默)

24-9. 검을 ⇨ 현(玄)

24-10. 고을 ⇨ 현(縣)

24-11. 고개 ⇨ 현(峴)

24-12. 거울 ⇨ 현(鑧)

24-13. 꽃다울 ⇨ 형(馨)

24-14. 가시나무 ⇨ 형(荊)

24-15. 국그릇 ⇨ 형(鉶)

24-16. 겁낼 ⇨ 형(哼)

24-17. 코 풀 ⇨ 형(擤)

24-18. 꾀꼬리 ⇨ 형(鶯)

24-19. 거칠 ⇨ 황(荒)

24-20. 깊을 ⇨ 황(滉)

24-21. 깊을 ⇨ 홍(泓)

24-22. 큰 배 ⇨ 황(艎)

24-23. 배 클 ⇨ 홍(舡)

24-24. 눈이 큰 모양 ⇨ 황(睸)

24-25. 큰소리 ⇨ 황(諻)

24-26. 큰 개 ⇨ 황(獷)

24-27. 큰 기러기 ⇨ 홍(鴻)

24-28. 큰 물 ⇨ 홍(泽)

24-29. 클 ⇨ 확(廓)

24-30. 속 깊을 ⇨ 홍(霐)

---

33) '크고 넓고 깊다'의 우리말 '하다' 그대로 보아도 됩니다.

24-31. 큰 골 ⇨ 홍(谹)

24-32. 큰 소리 ⇨ 홍(嗊)

24-33. 큰 소리 ⇨ 홍(訌)

깊을 황(滉)부터 큰 소리 홍(訌)까지는 '깊다'와 '크다'라는 의미이니 모두 우리말 '하다'라고 해석할 수도 있습니다.

24-34. 구렁 ⇨ 홍(谼)

24-35. 꽃술 ⇨ 황(驦)

24-36. 기러기 ⇨ 홍(鳿)

24-37. 개여뀌 ⇨ 홍(葒)

24-38. 구덩이 ⇨ 홍(陜)

24-39. 똥구멍 ⇨ 항(肛)

24-40. 근심할 ⇨ 홀(唿)

24-41. 걱정할 ⇨ 홀(喐)

24-42. 굳을 ⇨ 확(確)

24-43. 거둘 ⇨ 확(穫)

24-44. 갤 ⇨ 확(霩)[34]

24-45. 구멍 속 ⇨ 헌(㦏)

25) ㅅ, ㅈ, ㅊ에서 ㅎ으로

ㅅㅎ, ㅈㅎ, ㅊㅎ에서 ㅅ, ㅈ, ㅊ 탈락 후 ㅎ이 나타났다고 보아도 됩니다. ㅅ에서 ㅎ으로 가는 경우입니다.

---

34) '훤히 개다'라는 의미로 해석해도 됩니다.

25-1. 새우 ⇨ 하(蝦)

25-2. 신 ⇨ 화(靴)

25-3. 신발 ⇨ 하(緞)

25-4. 숫돌 ⇨ 하(碬)

25-5. 소매 ⇨ 하(袔)

25-6. 썩을 ⇨ 후(朽)

25-7. 송아지 ⇨ 후(牶)

25-8. 쉴 ⇨ 휴(休)

25-9. 수리 부엉이 ⇨ 휴(鵂)

25-10. 쇠 ⇨ 혹(釛)

25-11. 산뜻할 ⇨ 현(嬛)

25-12. 소리 ⇨ 현(呟)

25-13. 싫어할 ⇨ 혐(嫌)

25-14. (개가) 싸울 ⇨ 혐(獩)

25-15. 실개천 ⇨ 형(滎)

25-16. 소용돌이 칠 ⇨ 형(澏)

25-17. 술독 ⇨ 형(鉶)

25-18. 쌀 ⇨ 황(䅣)

25-19. 싸울 ⇨ 홍(鬨)

25-20. 물 솟아날 ⇨ 홍(澒)

25-21. 살찔 ⇨ 홍(舡)

25-22. 실꾸리 ⇨ 홀(絗)

25-23. 살 ⇨ 활(活)

25-24. 소낙비 ⇨ 확(霍)

25-25. 습새 ⇨ 확(鸌)

25-26. 사람이 산 위에 있을 ⇨ 헌(仚)

25-27. 섬기다 ⇨ 효(孝)

25-28. 새벽 ⇨ 효(曉)

25-29. 성낼 ⇨ 효(哮)

25-30. 사귀다 ⇨ 효(爻)

25-31. 삭히다 ⇨ 효(酵)

25-32. 섞일 ⇨ 효(殽)

25-33. 시끄러울 ⇨ 효(嘵)

ㅈ에서 ㅎ으로 간 경우입니다.

25-34. 줄 ⇨ 현(絃)

25-35. 저울 ⇨ 형(衡)

25-36. 줄(연장) ⇨ 형(鉶)

25-37. 족두리풀 ⇨ 형(蘅)

25-38. 잠꼬대 할 ⇨ 황(謊)

25-39. 주릴 ⇨ 함(顲)

25-40. 장다리 ⇨ 홍(葓)

25-41. 자 ⇨ 확(蒦)

25-42. 자새(작은 얼레) ⇨ 확(篗)

25-43. 자랑할 ⇨ 후(詡)

25-44. 집 ⇨ 헌(軒)

25-45. 집, 지게 ⇨ 호(戶)

25-46. 쥘 ⇨ 헌(攇)

25-47. 지렁이 ⇨ 헌(蚿)

ㅊ에서 ㅎ으로 간 경우입니다.

25-48. 찰 ⇨ 한(寒)

25-49. 칠 ⇨ 황(揘)

26) ㅁ에서 ㅎ으로

ㅁㅎ에서 ㅁ이 생략된 후 ㅎ이 나타났다고 보아도 됩니다.

26-1. 맑을 ⇨ 호(滈)

26-2. 마늘 ⇨ 호(葫)

26-3. 무 ⇨ 하(菏)

26-4. 멀 ⇨ 하(遐)

26-5. 목구멍 ⇨ 후(喉)

26-6. 맡을 ⇨ 후(嗅)

26-7. 만날 ⇨ 후(逅)

26-8. 마를 ⇨ 후, 학(涸)

26-9. 모질 ⇨ 학(虐)

26-10. 맷돌 ⇨ 학(礅)

26-11. 매울 ⇨ 학(嗋)

26-12. 말씀 ⇨ 화(話)

26-13. 머리 ⇨ 혈(頁)

26-14. 매달 ⇨ 현(懸)

26-15. 무늬 ⇨ 현(絢)

26-16. 밀치끈 ⇨ 현(鞙)

26-17. 맏 ⇨ 형(兄)

26-18. 모습 ⇨ 형(形)

26-19. 물이 맑을 ⇨ 형(瀅)

26-20. 멀 ⇨ 형(泂)

26-21. 메뚜기 ⇨ 황(蝗)

26-22. 메기장 ⇨ 황(程)

26-23. 무지개 ⇨ 홍(虹)

26-24. 묵은 쌀 ⇨ 홍(粠)

26-25. 문득 ⇨ 홀(芴)

26-26. 물 이름 ⇨ 헌(瀗)

27) ㄴ에서 ㅎ으로[35]

ㄴㅎ에서 ㄴ이 탈락된 후 나타난 ㅎ이라고도 볼 수 있습니다.

27-1. 나타날 ⇨ 현(現)

27-2. 누를 ⇨ 황(黃)

27-3. 노래기 ⇨ 현(蚿)

27-4. 나들이 옷 ⇨ 현(袨)

27-5. 노리개 ⇨ 형(珩)

27-6. 누룩곰팡이 ⇨ 황(橫)

27-7. 노래 ⇨ 홍(嗊)

27-8. 놀랄 ⇨ 확(懼)

27-9. 나무 이름 ⇨ 헌(櫶)

27-10. 넓힐 ⇨ 확(擴)

27-11. 넓을 ⇨ 황(宖)

27-12. 넓을 ⇨ 홍(弘)

27-13. 넓을 ⇨ 홍(泓)

우리말 '하다'에 포함된 '넓다'가 있으니 우리말 '하다'의 '황'과 '홍'

---

35) 우리말에서는 ㄴ이 사라져 ㅇ이 되니 ㄴ에서 ㅇ, ㅇ 다음 ㅎ으로 보아도 됩니다.

입니다.

28) ㅎ에서 ㅎ으로

28-1. 하늘 ⇨ 호(昊)

28-2. 활 ⇨ 호(弧)

28-3. 활시위 ⇨ 현(弦)

28-4. 흴 ⇨ 호(皓)

28-5. 환히 ⇨ 호(昈)

28-6. 허물 ⇨ 하(瑕)

28-7. 휑할 ⇨ 하(谺)

28-8. 휑할 ⇨ 함(谽)

28-9. 화살 ⇨ 후(鍭)

28-10. 헤아릴 ⇨ 혈(絜)

28-11. 물 흐릴 ⇨ 혹(湂)

28-12. 햇살 ⇨ 현(晛)

28-13. 햇빛 ⇨ 현(昡)

28-14. 향긋할 ⇨ 혐(馦)

28-15. 향기로울 ⇨ 혐(嫌)

28-16. 헤맬 ⇨ 황(徨)

28-17. 헌걸찰 ⇨ 황(趪)

28-18. 달빛이 흐릴 ⇨ 홍(曨)

28-19. 헌 그릇 ⇨ 홀(㿿)

28-20. 회초리 ⇨ 확(矍)

29) ㄴ에서 ㄷ으로

29-1. 내기, 노름 ⇨ 도(賭)

ㄴ, ㄷ, ㅌ 훈민정음의 설음입니다. 설음 사이에 교차 변음이 자주 이루어집니다.

30) ㄴ에서 ㅈ으로

이 변음의 길은 ㄴ에서 ㄷ, 다시 ㅈ으로 간다고 생각하면 이해하기가 편합니다. ㄴ에서 ㄷ으로의 변음 길은 ㄴ, ㄷ, ㅌ 훈민정음의 설음 사이의 교차 변음이고, ㄷ에서 ㅈ은 일상적인 변음 경로입니다.

30-1. 낮 ⇨ 두 ⇨ 주(晝)
30-2. 낮을 ⇨ 더 ⇨ 저(低)

중요한 우리말 단어와 한자어가 대응된다는 것을 알 수 있습니다.

31) ㄴ에서 ㅅ으로

31-1. 나물 ⇨ 소(蔬)[36]
31-2. 눈 ⇨ 설(雪)

ㄴ 앞에 ㅅ이 있으니 '싸물'에서 '소'와 '나물'이 나오고 'ㅅ눈'에서 '설'과 '눈'이 나옵니다.

---

36) 우리말 안에 '푸성귀'의 중간 음인 '성'의 '소'와 연결될 수도 있습니다.

나물 ⇨ 오/호 ⇨ 소(蔬)

눈 ⇨ 얼/헐 ⇨ 설(雪)

32) ㄴ에서 ㅎ으로

ㄴㅎ에서 ㄴ 탈락 후 ㅎ이 나타납니다.

32-1. 놀이 ⇨ 희(戱)

32-2. 노을 ⇨ 하(霞)

33) ㄴ에서 ㄱ으로

ㄱ이 ㄴ 앞에 붙어 있었다고 봅니다.

33-1. 나라 ⇨ 귁/국(國)

33-2. 노래 ⇨ 가(歌)

33-3. 내릴 ⇨ 강(降)

'ㄱ나라'에서 '국'과 '나라'가 나오고, 'ㄱ노래'에서 '가'와 '노래'가 나오고, 'ㄱ내리다'에서 '강'과 '내리다'가 나옵니다.

다음 항목은 한자어 초성 ㅅ으로 가는 경우입니다. 가장 일반적인 경로는 ㅎ에서 ㅅ으로 가는 경로입니다.

34) ㅇ에서 ㅅ으로

원래는 ㅎ이었고 ㅎ에서 고대 한국어 ㅇ, 한자어 ㅅ이 나왔다고 봅니다.

34-1. 윗 ⇨ 상(上)

34-2. 이길 ⇨ 승(勝)

34-3. 이을 ⇨ 승(承)

34-4. 오를 ⇨ 승(昇)

34-5. 잉아/실/줄 ⇨ 승(縢)

34-6. 이 ⇨ 시(是)

34-7. 일 ⇨ 사(事)37)

34-8. 웃을 ⇨ 소(笑)

좀 더 이해하기 쉽게 중간에 ㅎ을 넣어 주면 이해하기가 쉽습니다.

윗 ⇨ 항 ⇨ 상(上)

이길 ⇨ 훙 ⇨ 승(勝)

이을 ⇨ 훙 ⇨ 승(承)

오를 ⇨ 훙 ⇨ 승(昇)

잉아/실/줄 ⇨ 훙 ⇨ 승(縢)

이 ⇨ 히 ⇨ 시(是)

일 ⇨ 하 ⇨ 사(事)

웃을 ⇨ 호 ⇨ 소(笑)

35) ㅇ에서 ㅁ으로

원래는 ㅁ이었고 고대 한국어는 ㅇ, 한자어는 그대로 ㅁ이 된 것입니다.

35-1. 얼굴 ⇨ 면(面)

---

37) 일 업(業)은 우리말 초성이 그대로 전달된 한자음입니다.

초성을 맞추고 싶다면, '머리 면'으로 이해해도 됩니다.

36) ㅌ에서 ㅅ으로

ㅼ/ㅺ에서 ㅅ은 한자어, ㄷ/ㅌ은 우리말이 됩니다.

36-1. 탈 승(乘)[38]

37) ㅍ에서 ㅅ으로

ㅄ에서 ㅂ은 한국어에서 ㅍ, ㅅ은 한자어가 됩니다.

37-1. 파리 승(蠅)

38) ㅂ에서 ㅁ으로

원래 첫음은 ㅁ으로 같은 음에서 출발했다고 봅니다.
ㅁ, ㅂ, ㅍ, ㅃ는 훈민정음에서 순음을 표현하는데 서로 교차해서 변음합니다. 먼저 ㅂ에서 ㅁ으로의 경로를 보겠습니다.

38-1. 밝을 ⇨ 명(明)
38-2. 보리 ⇨ 맥(麥)
38-3. 버선 ⇨ 말(襪)
38-4. 바를 ⇨ 말(抹), 문지르다
38-5. 벗어나다 ⇨ 면(免)하다

---

38) '싣다와 수레'의 의미로 다가가도 됩니다.

38-6. 빽빽할 ⇨ 밀(密)

39) ㅁ에서 ㅂ으로

39-1. 막다 ⇨ 방(防)

40) ㅁ 그대로 ㅁ

40-1. 물방울 ⇨ 말(沫)

41) ㅁ에서 ㅅ으로

ㅆ 합용병서에서 ㅁ은 고대 한국어로, ㅅ은 한자어로 분리됩니다.

41-1. 물 ⇨ 수(水)
41-2. 뫼 ⇨ 산(山)
41-3. 몸 ⇨ 신(身)
41-4. 마음 ⇨ 심(心)
41-5. 마늘 ⇨ 산(蒜)
41-6. 머리 ⇨ 수(首)
41-7. 모래 ⇨ 사(沙)
41-8. 못 ⇨ 소(沼)

42) ㅁ이 사라져 ㅇ이 되는 경우

42-1. 못 ⇨ 연(淵)

43) ㅁㅅㄷ에서 분리되어 ㅁ과 ㄷ으로

ㅁㅅㄷ에서 ㅁ은 고대 한국어, ㄷ은 한자어로 분리됩니다.

43-1. 못 ⇨ 담(潭), 당(塘)[39]

44) ㅅ에서 ㅈ으로, ㅈ에서 ㅅ으로

ㅅ, ㅈ, ㅊ, ㅉ는 훈민정음의 치음입니다. 역시 치음 사이에서 교차 변음이 발생합니다. 아래는 이에 해당하는 대표적인 3가지 단어입니다.

44-1. 새 ⇨ 조(鳥)
44-2. 술 ⇨ 주(酒)

역으로

44-3. 쥐 ⇨ 서(鼠)

즉 갑골문 초기 음가는 '새 소(鳥)', '술 수(酒)', '쥐 저(鼠)'로서 고대 우리말 그대로 초성을 발음했으나 후대 치음 사이의 변음이 발생해서 현 한자음이 된 것입니다.

44-4. 글씨의 씨의 ㅅ ⇨ 자(字)의 ㅈ으로
44-5. 맵시의 시의 ㅅ ⇨ 자(姿)
44-6. 암소의 소의 ㅅ ⇨ 자(牸)

---

39) 의미로는 물을 '담고 있는 곳'입니다.

44-7. 놈, 사람의 ㅅ ⇨ 자(者)

44-8. 스스로 ⇨ 자(自)[40]

44-9. 사람, 사랑 ⇨ 자(慈)

44-10. 삶을 ⇨ 자(煮)

44-11. 사람, 스승의 ㅅ 그리고 아들의 들의 ㄷ에서 나온 ⇨ 자(子)

44-12. 살 ⇨ 주(住)

44-13. 구슬의 슬의 ㅅ ⇨ 주(珠)

44-14. 술 ⇨ 주(酒)

44-15. 섬 ⇨ 주(洲)

44-16. 쇠 부어 만들 ⇨ 주(鑄)

44-17. 쌓을 ⇨ 저(貯)

　다음의 예는 처음에는 ㅅ이었는데, 한국어는 ㅈ으로, 한자어는 그대로 ㅅ을 유지한 것입니다.

44-18. 저자 ⇨ 시(市)

44-19. 저녁 ⇨ 석(夕)

44-20. 주울 ⇨ 습(拾)

44-21. 주름 ⇨ 습(褶)

44-22. 죽을 ⇨ 사(死)

44-23. 젖을 ⇨ 습(濕)

44-24. (해가) 지다 ⇨ 서(西)

44-25. 죽음 ⇨ 시(屍)

44-26. 죽일 ⇨ 시(弑)

44-27. (차례로) 줄 서다 ⇨ 서(序)

---

40) 우리말 안에서 변음된 동의어로 '저절로'가 있습니다.

44-28. 잘 ⇨ 숙(宿), 수(睡)

44-29. 일찍의 찍 ⇨ 숙(夙)

44-30. 지킬 ⇨ 수(守)

44-31. 지킬 ⇨ 수(戍)

44-32. 줄 ⇨ 수(授)

44-33. 반둑/반죽의 죽의 ⇨ 수(溲)

44-34. 메주의 주 ⇨ 시(豉)

44-35. 줄 ⇨ 승(繩)

45) ㅊ에서 ㅅ[41]으로

역시 ㅅ에서 한국어는 ㅈ과 ㅊ으로, 한자어는 그대로입니다.

45-1. 천천히/천천히 ⇨ 전전히 ⇨ 서서히(徐徐)

45-2. 찾다 ⇨ 주 ⇨ 수(搜)

46) ㄷ에서 ㅅ으로

ㄷ에서 ㅅ으로 가는 길에 ㅈ을 넣으면[42] 이해하기 쉽습니다.

46-1. 닦을 ⇨ 수(修)

46-2. 드디어 ⇨ 수(遂)

46-3. 뛰어날 ⇨ 수(殊)

46-4. 따를 ⇨ 수(隨)

---

41) ㅊ과 ㅅ 사이에 ㅈ을 넣으면 이해하기 쉽습니다. ㅊ ⇨ ㅈ ⇨ ㅅ.

42) ㄷ ⇨ ㅈ ⇨ ㅅ.

46-5. 드리울 ⇨ 수(垂)

47) ㅅ 그대로 ㅅ

47-1. 손 ⇨ 수(手)

47-2. 셀 ⇨ 수(數)

47-3. 스승 ⇨ 사(師)

47-4. 스님 ⇨ 승(僧)

47-5. 솔 ⇨ 송(松)

47-6. 글 쓰다, 글씨 ⇨ 서(書)

47-7. 실마리 ⇨ 서(緒)

47-8. 섬 ⇨ 서(嶼)

47-9. 살(깃들어) ⇨ 서(棲)

47-10. 새벽 ⇨ 서(曙)

47-11. 무소 ⇨ 서(犀)

47-12. 서로 ⇨ 서(胥)

47-13. 솜/소옴 ⇨ 서(絮)

47-14. 씹을 ⇨ 서(噬)

47-15. 느슨할의 슨 ⇨ 서(紓)

47-16. 실어낼 ⇨ 수(輸)

47-17. 목숨의 숨 ⇨ 수(壽)

47-18. 부시(돌)의 시 ⇨ 수(燧)

47-19. 소매 ⇨ 수(袖)

47-20. 숨길 ⇨ 수(廋)

47-21. 바람소리 ⇨ 수(颼)

47-22. 섶 ⇨ 시(柴)

47-23. 숟가락 ⇨ 시(匙)

47-24. 화살의 살 ⇨ 시(矢)

47-25. 삼베 ⇨ 시(緦)

47-26. 굳세다의 세 ⇨ 시(偲)

47-27. 외뿔소의 소 ⇨ 시(兕)

47-28. 굵은 실끈 ⇨ 시(緦)

47-29. 새매 ⇨ 시(鳾)

47-30. 슬기 ⇨ 서(諝)

47-31. 새집 ⇨ 소(巢)

47-32. 남새의 새 ⇨ 소(蔬)

47-33. 상수리나무 ⇨ 서(芧)

47-34. 쉴 ⇨ 서(犀)

47-35. 애쓰다의 쓰 ⇨ 서(悰)

47-36. 싸라기 ⇨ 서(糈)

47-37. 이삭의 삭의 ⇨ 수(穗)

47-38. 근심의 심의 ⇨ 수(愁)

48) ㄱ에서 ㅈ으로

우리말 '길'이 방언에서 '질'로 나는 경우와 '겨울'에서 방언 '젉/즑'[43)]
으로 나는 경우입니다.

48-1. 그칠 지(止)

---

43) 네이버 국어사전.

6. 대음 관계가 명확한 언어 DNA

여기서는 우리말에서 나온 한자어가 분명한 단어들을 나열해 보겠습니다.

1) 밑바탕, 밑뿌리 ⇨ 민본(民本)

혹은 무리의 옛말 '믈'의 민(民), 본(本)은 뿌리의 옛말 '불휘' 라고 보아도 됩니다. 특히 '믿집',44) '믿나랗'45)의 경우를 보면, 우리말의 '믿-'이란 표현이 가장 근원이 된다는 것을 알 수 있습니다.

2) 바르고 점잖다 ⇨ 방정(方正)

방(方)은 '바르다'이고 정(正)은 '점잖다'입니다. 모두 우리말의 첫말이라 추정할 수 있는 '밣'과 '젎'에서 나온 한자어라고 볼 수 있습니다.

3) 시암 ⇨ 수원(水源)

마시다의 시의 물 수(水) 혹은 앞에서 다루었듯이 ㅁㅅ에서 분리되어 ㅅ, 암은 원(源)으로 변음되었습니다.

4) 뵙고 아뢰다 ⇨ 배알(拜謁)

우리말에서 한자어가 된 으뜸 예시입니다.

---

44) 네이버 국어사전: '본가(本家)'의 옛말.
45) 네이버 국어사전: '본국(本國)'의 옛말.

'뵙다'는 '배(拜)', '아뢰다'는 '알(謁)'입니다.

5) 이야기를 나누나/얘기를 나누다 ⇨ 의논(議論)/논의(論議)

'이야기/얘기'는 '의(議)'이고 '나누다'는 '논(論)'입니다.

6) 기다리다 ⇨ 기대(期待)

'기다리다'는 그대로 '기대(期待)'가 됩니다.

7) 착 붙이다[부치다], 붙이고 차다 ⇨ 부착(附着)

8) 환하고 아름다워 뚜렷하다 ⇨ 화려(華麗)

환하다는 '빛날 화(華)'이고, 아름다워 또렷하다 혹은 가령가령하다46)는 '고울 려(麗)'입니다.

9) 차다, 공을 ⇨ 축구(蹴球)

'차다'에서 나온 '찰 축(蹴)'이고, '공'에서 나온 '공 구(球)'47)입니다.

---

46) 네이버 국어사전. 가령가령흐다: [옛말] 깨끗하고 곱다.
47) '공 구'의 변화과정은 박대종 선생님 책(『나는 언어정복의 역사적 사명을 뛰고 이 땅에 태어났다』, 대종연구소, 1999)에 있습니다.

10) 화살이 날다 ⇨ 호비(弧飛)[48]

활은 호(弧)이고, ㄹ 탈락되면 한자어가 됩니다.

왼구비는 〈운동〉 국궁(國弓)에서, 쏜 화살이 높이 떠서 날아가는 일[49]을 말하고, 반구비(半--)는 〈운동〉 국궁(國弓)에서, 쏜 화살이 높지도 않고 낮지도 않게 적당한 높이로 날아가는 일[50]을 말합니다.

'날다'는 'ᄡᅡ'에서 'ㄱ'에서 나온 'ㄴ'으로 생각할 수 있으니 'ᄡᅡ'의 'ㅂ'의 '비'입니다.

11) 빛을 비추다 ⇨ 빈축(斌燭), 빈출(彬出)

빛은 빈(彬, 斌)이고, 비추는 도구는 추의 축(燭)입니다.

12) 크댄하다 ⇨ 거대(巨大)

크댄하다[51]는 '커다랗다'의 방언인데, 크댄하다 그대로 거대입니다.

13) 간추리다 ⇨ 간찰(簡札)

간찰은 일상의 일을 간추려 적은 편지입니다. 골라 가리다는 간(簡)으로, 추리다는 출/찰이란 음가가 되어 간출(簡出)이란 단어가 형성됩니다. 간동하다[52]는 현재 잘 사용되지 않은 단어인데, 간단(簡單)이란 단

---

48) 실제 한자 단어는 아니지만 제시단어로 만들었습니다.
49) 네이버 국어사전.
50) 네이버 국어사전.
51) 네이버 국어사전. [방언] '커다랗다(매우 크다)'의 방언(경남).
52) 네이버 국어사전. 흐트러짐이 없이 잘 정돈되어 단출하다.

어가 됩니다. 간택(揀擇)의 경우 '가리고 골라'의 간(揀)입니다.

14) 주대로 낚아 올리다 ⇨ 조어(釣魚)

주대는 낚시 줄과 대라는 의미인데, 주대의 주는 낚시 조(釣)로 나타
납니다. 원음은 ㅽ으로 추정하니 ㅅ에서 ㅈ되는 경우입니다. 우리말 '-
치' 는 원래 '-히'이니 '물고기 어'[53]가 나오게 됩니다.

15) 판가름하다 ⇨ 판결(判決)

판나다,[54] 판가름하다는 판결(判決)이 되고, 가려서 끝내다는 결(決)
이 됩니다.

16) 닦여진 바른 길로 다스리다 ⇨ 도리(道理)

닦여진 길, 다스리다의 ㄷ 초성은 도(道)이고, ㅽ에서 ㄱ이 변음되어
ㄷ으로 나타납니다. ㄱ과 ㄷ은 원래 ㅎ 음가에서 나온 것으로 지역에
따라 ㄱ이 ㄷ으로도 변합니다. '다스리다'의 '스리'는 사리(事理)가 됩니다.

17) 세기 돌린 ⇨ 기세(氣勢)

우리말 '세기'를 돌리면 '기세'가 됩니다.

---

53) '3. 물고기 -티를 통해서 본 우리말 -히와 한자어 -어(魚) 추리'에서 다룬 바 있습니다.
54) 네이버 국어사전. 1. 끝장이 나다. 2. 재산이나 물건이 모조리 없어지다.

18) 향긋하다 ⇨ 향기(香氣)

향긋하다 그대로 향기입니다.

19) 보태어 굳세게 하다 ⇨ 보강(補强)

보태다는 보(補)이고, 굳세다는 강(强)입니다.

20) 차에 타고 싣다 ⇨ 탑승(搭乘)

타다는 탑(搭)이고, 싣다는 승(乘)입니다.

21) 글을 쓰고 채운 ⇨ 서책(書冊)

쓰다는 글 서(書)이고, 채우다는 책(冊)으로 추정되는데, '쓰여진 글이
나 글의 내용이 채워진' 정도의 의미라고 봅니다.

22) 덧붙임[덧부침] 돌린 ⇨ 첨부(添附)

앞에서 고찰한 '붙이다[부치다]'의 '부착(附着)'을 돌렸다고 보아도 됩
니다.

23) 보살피다 줄인 ⇨ 보필(輔弼)

'보살피다'를 줄이면 '보필'이 됩니다.

24) 옷을 받쳐 입다 ⇨ 의복(衣服)

옷은 우리말임을 누구도 부정할 수 없고 의복(衣服)은 분명히 한자어임을 부정할 수 없습니다.

> 이북: [방언] '옷1(몸을 싸서 가리거나 보호하기 위하여 피륙 따위로 만들어 입는 물건)'의 방언(평안, 함경).[55]

북한으로 가면 우리말 '옷'이 '이북'이 되는 것이지 '의복(衣服)'에서 온 북한 방언이 아닙니다. 더 고대어를 가지고 추리해보자면, 서남해에 있던 첫 우리말 '옳'이 북상하면서 ㄹ이 탈락되고 우리말 '옷[옫]'이 되고, 북한은 ㅎ 발음이 ㅂ으로 바뀐 후 '이북'이 되었다고 봅니다. 상나라 선조 출발지인 산동(배달국 지역 중 하나)도 비교적 위쪽이니, 북한 방언 '이북'과 같은 '의복(衣服)'이 되는 것입니다.

25) 마음이 선선하여 복을 돌려받다 ⇨ 복선(福善)

'선선하다, 숫접다, 수수하다'는 '착할 선(善)'입니다. '복(福)'은 '돌려받다'의 '받다'로 이해해도 되고, 혹은 '흐뭇하다'에서 '행복(幸福)'이 나오므로 '복(福)'은 '보람'으로 생각해도 됩니다.

26) 수수하다 그대로 ⇨ 순수(純粹)

'수수하다' 그대로 '순수(純粹)'입니다.

---

55) 네이버 국어사전.

27) 우거지고 숲이 엄청 차오르다 ⇨ 울창(鬱蒼)

'우거지고 차오르다' 그대로 '울창(鬱蒼)'입니다.

28) 미미하고 추레하다 ⇨ 미추(美醜)

미미히다: 보기에 좋다.[56]
추레하다: 1. 겉모양이 깨끗하지 못하고 생기가 없다. 2. 태도 따위가
　　　　　 너절하고 고상하지 못하다.[57]
추접다: [방언] '더럽다'의 방언(경상).[58] = 추잡(醜雜)

'미미하고 추레하다' 그대로 '미추(美醜)'입니다.

29) 비슷하다 돌려 ⇨ 사이비(似而非)

'비슷하다'의 음가의 순서를 바꾸면, '사이비(似而非)'입니다.

30) 벗기고 빼뜰다[59] ⇨ 박탈(剝奪)

'지위나 재산을 벗기고/밧기고 빼뜰다'는 '박탈(剝奪)'입니다.

---

56) 네이버 국어사전.
57) 네이버 국어사전.
58) 네이버 국어사전.
59) [방언] '빼앗다'의 방언(경상, 황해).

31) 북적북적 시끌벅적 복대기다 ⇨ 복잡(複雜)

'북적북적' 그대로 '복잡(複雜)'입니다.

32) 시끌벅적한 자리이자 마당, 싱싱한 물건을 사고파는 마당 ⇨ 시장(市場)

시끌벅적한 자리이자 마당, 싱싱한 물건을 사고파는 마당의 줄임말입니다. 즉 우리말 '저자'의 옛말은 '져재'[60]인데 'ㅈ'은 'ㅅ'에서 나온 음가라 보는 것입니다.

33) 머리(얼굴)를 가리는 도구 돌린 ⇨ 가면(假面)

얼굴의 원말은 '멀굴'이라 추정되니, '멿'이란 원 근본 표현에서 한자어 '면(面)'이 되는 것입니다. ㅁ이 탈락되면, ㅇ이 됩니다.

34) 간추리다 ⇨ 간출(簡出)

'가리고 추리다'는 축약되어 우리말 간추리다가 됩니다. 또한 이는 한자어로 한 번 더 축음되어 '간출(簡出)'이 됩니다.

35) 치우고 쓸다 ⇨ 청소(淸掃)

'치우다'는 '청'이고, '쓸다'는 '소'입니다.

---

60) 네이버 국어사전.

36) 태어나서 삶이 생기다 ⇨ 탄생(誕生)

'태어나서 삶이 생기다'를 줄이면 '탄생'이 됩니다.

37) 저절로 그러하다고 여기다 ⇨ 자연(自然)

저절로, 절로는 '스스로 자(自)'가 되는데, 우리말 안에서도 'ㅅ'이 'ㅈ'
되는 좋은 자료입니다.

38) 자세를 바로 잡아 점잖게 자리에 앉다 ⇨ 정좌(正坐)

'바로 잡다'에서 '방정(方正)'이 나옵니다.

39) 저절로 돌다, 돌아다니다 ⇨ 자동(自動)

'저절로 돌다, 돌아다니다'에서 나온 '자동(自動)'입니다.

40) 창조주와 사람에 의해 만들어진 많은 것 ⇨ 만물(萬物)과 물건(物件)

'창조주와 사람에 의해 만들어진 많은 것'에서 나온 '만물(萬物)과 물
건(物件)'입니다.

41) 돌아다니게 만들어진 것들(몸들) ⇨ 동물(動物)

'돌아다니게 만들어진 것들'은 '동물(動物)'입니다.

42) 심어져 자라게 만들어진 것들 ⇨ 식물(植物)

'심어져 자라게 만들어진 것들'은 '식물(植物)'입니다.

43) 생기가 들어 있게 만들어진 것들 ⇨ 생물(生物)

'생기가 들어 있게 만들어진 것들'은 '생물(生物)'입니다.

44) 만들어진 모든 것의 바르게 다스림 ⇨ 물리(物理)

'만들어진 모든 것의 바르게 다스림'을 줄이면, '물리(物理)'입니다.

45) 두루마기 ⇨ 도포(道袍)

'두루마기'는 '도(道)'이고, '마기'는 변음되어 '포', 혹은 '포(袍)'는 '핫옷'[61]이니 '핫'의 변음 '포'로 보아도 됩니다. 역시 우리가 옷을 만든 후 다음에 중국 의복 문화가 나왔다는 것을 알 수 있습니다.

46) 일을 쓰고 다스림 ⇨ 사리(事理)

'일을 쓰고 다스림'은 '사리(事理)'입니다.

---

61) 네이버 국어사전. [같은 말] 솜옷(안에 솜을 두어 만든 옷).

47) 굳게 깊이 박힌 뿌리(뿌렁구)/원간62) 뿌리/금분63) 뿌리 ⇨ 근본(根本)

'굳게 깊이 박힌' 혹은 '뿌리'의 사투리 '뿔갱이'의 둘째 초성 ㄱ의 근본(根本)입니다. 뿌리(불휘, 뿌렁구)의 첫 음이고, 바탕, 바른 보기의 '본(本)'입니다.

48) 나의 뿌리와 거룩한 곳(고장, 고작,64) 고닥65))⇨ 본국(本國)

'나라 국(國)'의 음가는 'ㄱ 다음 ㄴ'으로 구성됩니다. 즉 '국(國)' 한자음은 'ㄱ나라' 혹은 'ㄴ가라'에서 나온 표현입니다.

49) 고을 ⇨ 군읍(郡邑)

'고을, 집들이 구름 같이 모인 고을'은 '군(郡)'이고, '고을과 마을의을'의 '읍(邑)'입니다. 행정단위로 구분하자면, 고을이 군(郡), 마을이 읍(邑)입니다.

50) 가려주는 가까운 핏줄 ⇨ 가족(家族)

가(家)는 전문가의 용례에서 '지식을 많이 가지고 있다'로 해석해야 하고, 한자 상으로는 '돼지를 기르는 곳'으로 이해해도 됩니다. 한자 구성 중 갓 머리를 중시하면 '가리방하는 곳'입니다.

---

62) 네이버 국어사전. '워낙(본디부터)'의 옛말.
63) 네이버 국어사전. [방언] '워낙'의 방언(경남).
64) 네이버 국어사전. [방언] '고장(2. 어떤 물건이 특히 많이 나거나 있는 곳)'의 방언(전남).
65) 네이버 국어사전. [방언] '고장'의 방언(제주).

51) 가려야 하는 핏줄(민족)들이 살아가는 거룩한 곳인 나라 ⇨ 국가(國家)

'가려야 하는 핏줄(민족)들이 살아가는 거룩한 곳인 나라'의 축음은 '국가(國家)'입니다. '집 가'의 경우 'ㅄ'에서 'ㅅ'은 '집'이 되고 'ㄱ'은 '가'가 됩니다.

52) 보살피다 ⇨ 보필(輔弼)

'보살피다, 보듬다, 지켜보다'는 두 가지 한자로 나타납니다. 지키고 도우면, '보(保)', 그리고 '바퀴살의 힘을 돕는다'라고 하는 의미에는 '차(車)'를 붙여 '보(輔)'란 다른 한자를 사용합니다.

53) 노래 가락 굽이 ⇨ 가곡(歌曲)

'노래 가'의 경우 'ㄱ 다음 ㄴ'입니다. 즉, '가(歌)' 한자음은 'ㄱ노래' 혹은 'ㄴ고래'에서 나온 표현입니다.

54) 가리는 옷 ⇨ 갑의(甲衣)

'가리는 옷'은 '갑의(甲衣)'입니다.

55) 높이 솟은 것과 쌓아 올린 것을 자랑하다 ⇨ 숭상(崇尙)

'높이 솟은 것과 쌓아 올린 것을 자랑하다'는 '숭상(崇尙)'입니다.

56) 애잔하다 중 애틋하다의 의미 ⇨ 애절(哀切), 애잔하다 중 약하다의
의미, 애잔을 돌려 ⇨ 잔약(孱弱)

'애틋하다'의 '애잔하다'는 '애절(哀切)'이고, '약하다'의 '애잔하다'는
'잔약(孱弱)'입니다.

57) 애틋하고 안타깝다 ⇨ 애통(哀痛)

'애틋하고 안타깝다'는 '애통(哀痛)'입니다.

58) 하나를 이루다 ⇨ 합일(合一)

'하나를 이루다'는 '합일'이 되고, '일'의 경우 '하나'의 'ㅎ' 초성에서
'ㅇ'되었다고 보아도 됩니다.

59) 틀어잡아 (하나로) 이루다 ⇨ 통일(統一)

'틀어잡아 (하나로) 이루다'는 '통일(統一)'입니다.

60) 나무 마상이 ⇨ 목선(木船)

> 마상이: 1. 거룻배처럼 노를 젓는 작은 배. 2. 통나무를 파서 만든 작은
> 배. [비슷한 말] 독목선·독목주·통나무배·통목선.66)

---

66) 네이버 국어사전.

'마상이' 그대로 '목선'입니다.

61) 가람, 마을을 둘러싸고 있는 솟은 것 ⇨ 강산(江山)

'가람, 마을을 둘러싸고 있는 솟은 것'은 '강산(江山)'입니다. 산의 경우 '뫼'의 변음으로 접근해도 됩니다. ㅁ 앞과 뒤에 ㅅ이 있다고 보면 'ㅁ쇎'이란 원어에서 한국 고대어 '뫓'과 한자어 '산'이 나왔다고 보는 것입니다.

62) 마을을 둘러싸고 있는 솟은 것의 생김새 ⇨ 산색(山色)

'마을을 둘러싸고 있는 솟은 것의 생김새'는 '산색(山色)'입니다.

63) 가로 세로로 가지런히 갈아 논밭을 장만하다 ⇨ 경작(耕作)

'갈다'는 경(耕)이고, '짓다, 장만하다'는 '작(作)'입니다.

64) 논밭 가꾸기를 일삼다 ⇨ 농사(農事)

'놓다(식물을 심고 가꾸다)'의 '농(農)'이고, '일삼다'의 '삼'의 '사(事)'입니다.

65) 지어 만든 것/장만한 것 ⇨ 작물(作物)

'지어 만들고 장만하다'는 '작물(作物)'입니다.

66) 엉기어 작게 뭉치어 오그라들다 혹은 움츠리다 ⇨ 응축(凝縮)

'엉기어 작게 뭉치어 오그라들다 혹은 움츠리다'는 '응축(凝縮)'입니다.

67) 차근차근 치올리어 둘러쌓은 둑 ⇨ 축동(築垌)

'차근차근 치올리어 둘러쌓은 둑'은 '축동(築垌)'입니다.

68) 고르게 펴다, 고르고 판판하다 ⇨ 공평(公平)

'고르게 펴다, 고르고 판판하다'는 '공평(公平)'입니다.

69) 으뜸 ⇨ 우등(優等)

'으뜸'은 '우등(優等)'입니다. 초성이 그대로 일치하는 좋은 예 중에 하나입니다.

70) 우두머리 ⇨ 두목(頭目), 우이(牛耳)

'우두머리'에서 '우'와 '두머리'를 분할하면 '두목(頭目)'과 '우이(牛耳)'가 나옵니다.

71) 님들(사람들) 사이에 끼인 가운데 존재 ⇨ 인간(人間)

사람인 경우 사람의 ㅅ이 변음되었다고 보아도 되고, 사람을 칭하는 '-이' 그대로 '인'이라고 보아도 됩니다. '사람'의 첫 원어는 'ㅁ사람'이니 'ㅁ'은 심마니어에 '마니'가 되고 'ㅁ'이 탈락되면, '인'의 'ㅇ'이 됩니다.

72) 임자 ⇨ 주인(主人)

> 임자: 1. 물건을 소유한 사람. 2. 물건이나 동물 따위를 잘 다루거나 통제할 수 있는 힘을 가진 사람. 3. 부부가 되는 짝.[67]

'임자' 돌리면, '주인(主人)'입니다.

73) 들이는 구멍 ⇨ 입구(入口), 입문(入門)

'구멍'에서 '구'는 '입구(入口)'의 '구'이고, '멍'은 '입문(入門)'의 '문'이 됩니다.

74) 차근차근 곧게 세워 만들어진 것 ⇨ 건물(建物)

'차근차근 곧게 세워 만들어진 것'은 '건물(建物)'입니다.

75) 비슷한지 대보다 ⇨ 대비(對比)

'비슷한지 대보다'의 순서를 바꾸어 축약한 것이 '대비(對比)'입니다.

76) 데리고 동무처럼 다니다 ⇨ 대동(帶同)

'데리고 동무처럼 다니다'는 '대동(帶同)'입니다.

---

67) 네이버 국어사전.

77) 두럭 울타리(무리) ⇨ 동리(洞里)

> 두럭: 1. 놀이나 노름을 하기 위하여 모인 사람의 무리. 2. 여러 집이
> 한데 모여 이루어진 집단.[68]

'두럭 울타리(무리)'는 '동리(洞里)'입니다.

78) 비아냥거리다 ⇨ 비난(非難)

'비아냥거리다, 비웃다, 비꼬다, 빈정대다'는 '비(非)'입니다.

79) 곧게 세운 거룩한 곳(고장)과 나라 ⇨ 건국(建國)

'곧게 세운 거룩한 곳(고장)과 나라'는 '건국(建國)'입니다.

80) 산봉우리 돋다, 우두머리 ⇨ 봉두(峰頭)

'산봉우리'의 방언 '봉두리'[69] 그대로 '봉두(峰頭)'입니다.

81) 돋치어 나타나다 ⇨ 돌출(突出)

'돋치어 나타나다'는 '돌출(突出)'입니다.

---

68) 네이버 국어사전.
69) [방언] '산봉우리'(산에서 뾰족하게 높이 솟은 부분)'의 방언(강원, 경상, 충남).

82) 차근차근 곧추 쌓아 세우다 ⇨ 건축(建築)

'차근차근 곧추 쌓아 세우다'는 '건축(建築)'입니다.

83) 차근차근 곧추세우고 흙과 돌로 쌓다 ⇨ 축성(築城)

'차근차근 곧추세우고 흙과 돌로 쌓다'는 줄이면, '축성(築城)'입니다.

84) 차츰차츰 여린말 '차즘차즘' 돌린 ⇨ 점차(漸次), 점점(漸漸), 차차(次次)

차츰차츰 여린말 '차즘차즘' 돌리면 '점차(漸次), 점점(漸漸), 차차(次次)'가 됩니다.

85) 다다르다 ⇨ 도달(到達)

'다다르다' 그대로 '도달(到達)'입니다.

86) 푸짐해서 좋다 ⇨ 풍족(豊足)

'푸짐해서 좋다'는 '풍족(豊足)'입니다.

87) (별빛이) 초롱초롱하다 ⇨ 찬란(燦爛)

'별빛이 초롱초롱하다'는 '찬란(燦爛)'입니다.

88) (목소리가) 초롱초롱하다/쩌렁쩌렁하다 ⇨ 청량(淸亮)

'목소리가 초롱초롱하다/쩌렁쩌렁하다'는 '청량(淸亮)'입니다.

89) (목소리가) 초롱초롱하고 아름답다 ⇨ 청아(淸雅)

'목소리가 초롱초롱하고 아름답다'는 '청아(淸雅)'입니다.

90) 정갈하고 깔끔하다 ⇨ 정결(淨潔, 精潔)

'정갈하고 깔끔하다'는 '정결(淨潔, 精潔)'입니다.

91) (마음을) 정갈히 하고 삼가다 ⇨ 정성(精誠)

'마음을 정갈히 하고 삼가다'는 '정성(精誠)'입니다.

92) 모시어 받듦 ⇨ 시봉(侍奉), 봉시(奉侍)

'모시어 받듦'은 '시봉(侍奉)'이고, 돌리면 '봉시(奉侍)'입니다.

93) 모시다 ⇨ 신명(神明)

'모시다' 돌리면, '신명(神明)'입니다. 혹은 '밝다'의 'ㅂ'의 변음 'ㅁ'의 '명'입니다.

94) (신불과 가족의) 품안 ⇨ 편안(便安)

'신불과 가족의 품안'은 '편안(便安)'입니다.

95) (주인을) 모시고 종종걸음으로 뒤좇다 ⇨ 시종(侍從)

'종'은 한자어처럼 보이지만 순우리말입니다. 한자어가 그대로 '좇을
종(從)'입니다.

96) 무지무지 크다 ⇨ 무지막지(無知莫知)하게 크다

'무지무지 크다' 그대로 '무지막지(無知莫知)하게 크다'입니다.

97) 무지무지 거칠게 ⇨ 무지막지(無知莫知)하게 상스럽다

'무지무지 거칠게' 그대로 '무지막지(無知莫知)하게 상스럽다'입니다.

98) 번거롭게 북적거리다(벅적거리다) ⇨ 번잡(煩雜), 붐비고 부산거리고
북적거리다 ⇨ 분잡(紛雜)

'번거롭게 북적거리다(벅적거리다)'는 '번잡(煩雜)'이고, '붐비고 부산
거리고 북적거리다'는 '분잡(紛雜)'입니다.

99) 국가와 사회를 받들고 섬기다 ⇨ 봉사(奉仕)

'국가와 사회를 받들고 섬기다'는 '봉사(奉仕)'입니다.

100) 조상의 제사를 받들고 섬기다 ⇨ 봉사(奉祀)

'조상의 제사를 받들고 섬기다'는 '봉사(奉祀)'입니다.

101) 웃어른을 받들고 섬기다 ⇨ 봉사(奉事)

'웃어른을 받들고 섬기다'는 '봉사(奉事)'입니다.

102) 사귀다 ⇨ 사교(社交)

'사귀다'는 '사교(社交)'입니다.

103) 국가에 대한 차오르는 섬기고 삼가는 마음 ⇨ 충성(忠誠)

'국가에 대한 차오르는 섬기고 삼가는 마음'은 '충성(忠誠)'입니다.

104) 뫼를 살펴보는 일 ⇨ 성묘(省墓)

'뫼를 살펴보다'는 순서를 바꾸어 '성묘(省墓)'입니다.

105) 바른 길을 다니고 따르고 다스리고 깨닫고 어질고 너그러운 마음을 닦다 ⇨ 도덕(道德)

'바른 길을 다니고 따르고 다스리고 깨닫고 어질고 너그러운 마음을 닦다'를 줄이면, '도덕(道德)'입니다.

106) 문에 붙여두게 끔 적은 글자 ⇨ 부적(符籍)

'문에 붙여두게 끔 적은 글자'는 '부적(符籍)'입니다.

107) 몸과 토기에 새긴 무늬와 쓴 글 ⇨ 문서(文書)

'몸과 토기에 새긴 무늬와 쓴 글'은 '문서'입니다. 혹은 '하늘의 말(뜻)을 묻다'는 '문(文)'입니다.

108) 묻고 답 달다 ⇨ 문답(問答)

'묻고 답 달다'는 '문답(問答)'입니다.

109) 가르치고 키우다 ⇨ 교육(敎育)

'가르치고 키우다'의 'ㄱ'의 '교'이고, 두 번째 소리 '르'와 '우' 그대로 '육'입니다.

110) 무슨 ⇨ 십마(什么)

'무슨'을 돌리면 '십마'가 되며, 현 중국음은 '선뭐(shénme)'입니다.

111) 소를 왼편으로 모는 소리 '좌라' ⇨ 좌로(左路)

소를 왼편으로 모는 소리 '좌라'에서 '좌로(左路)'입니다. 혹은 왼쪽의 '왼'의 고대 첫 음은 'ㅁㅅ'이니 'ㅁ'에서 한국어 'ㅇ'으로 'ㅅ'에서 한자어 'ㅈ'으로 변합니다.

112) 오른쪽, 소를 모는 소리 '이랴' ⇨ 우로(右路)

'오른쪽' 혹은 소를 모는 소리 '이랴'에서 '우로(右路)'입니다.

113) 둘 가운데 ⇨ 듕간 ⇨ 중간(中間)

'둘 가운데'에서 '중간(中間)'이 나옵니다.

114) 아둔하다 ⇨ 우둔(愚鈍)하다

'어리석다'와 '뜨다(굼뜨다)'를 합치면, '아둔하다'이고, 다시 한자어 '우둔하다'[70)가 됩니다.

115) 상냥하다 거의 그대로 ⇨ 선량(善良)

'사근사근(사분사분)'과 '나긋나긋'을 합치면 '상냥하다'이고 다음 '선량(善良)'이 됩니다.

116) 근심 ⇨ 근심(懃心)

'근심'은 한자어가 아니라 우리말입니다. '근심할 근(勤)'이 있고, '心'을 붙인 '근심할 근(懃)'도 있습니다.

---

70) 영어는 'dull'입니다.

117) 마음을 잡다 ⇨ 조심(操心)

'잡다' 그대로 '잡을 조(操)'입니다. 고대 언어 'ㅽ'에서 'ㅁ'은 한국어 '마음'이 되고 'ㅅ'은 한자어 '심'이 됩니다.

118) 마음을 버리다 ⇨ 방심(放心)

'마음을 버려 놓아서'는 '방심(放心)'입니다.

119) 굳세다 ⇨ 강세(强勢)

'꿋꿋하다'와 '세다'를 합치면 '굳세다'이고, '강세(强勢)'가 됩니다.

120) 굳건하다 ⇨ 건강(健剛)

'굳건하다' 돌리면, '건강(健剛)'입니다.

121) 굳건하고 즐거워 편하다 ⇨ 건강(健康)

'굳건하고 즐거워 편하다'는 '건강(健康)'입니다.

122) 부디 단단히 받아달라고 붙인 말 ⇨ 당부(當付), 부탁(付託)

'부디 단단히 받아달라고 붙인 말'은 '당부(當付)'이고 '부탁(付託)'입니다.

123) 스승으로 섬기다 ⇨ 스승하다 ⇨ 사사(師事)

'스승으로 섬기다'의 우리말은 '스승하다'이고, 다음 한자어 '사사(師事)'가 됩니다.

124) 급작스럽게 시를 짓다 ⇨ 급작(急作)

'급작스럽게 시를 짓다'는 '급작(急作)'입니다.

125) 걸터앉아 쉬거나 몸을 싣는 자리 ⇨ 걸상(床) ⇨ 거상(踞床)

'걸터앉아 쉬거나 몸을 싣는 자리'는 우리말 '걸'과 한자어 '상'의 결합으로 나타나고, 한자어로는 '거상(踞床)'이 됩니다.

126) 뿌리(뿌렝이)에서 나온/내려온 ⇨ 본래(本來)

'뿌리(뿌렝이)에서 나온/내려온'은 '본래(本來)'입니다.

127) 너비(널리) 벌리어 퍼트리다 ⇨ 반포(頒布)

'너비(널리) 벌리어 퍼트리다'는 '반포(頒布)'입니다.

128) 나무를 베다 ⇨ 벌목(伐木)

'베다'가 '벌(伐)'이고, 나무의 심마니어는 '무두'[71]입니다. '무두' 그대

---

71) 네이버 국어사전.

로 '목(木)'이 됩니다.

129) 그만두고 그쳐지다 ⇨ 금지(禁止)

'그만두고 그쳐지다'는 '금지(禁止)'입니다. '그치다'의 'ㄱ'의 변음 'ㅈ'의 '지'로 보아도 됩니다.

130) 지우고 거두어 가버리다 ⇨ 제거(除去)

'지우고 거두어 가버리다'는 '제거(除去)'입니다.

131) 마음이 오종종하고 좁다 ⇨ 옹졸(壅拙)

'잘고 좀스럽다'는 '졸(拙)'이고, '출(出)'이 '졸'로 변음되는 것도 우리말에 기준을 두었기 때문입니다.

132) 서로 붙잡아 부축하다 ⇨ 상부(相扶)

'서로 붙잡아 부축하다'는 '상부(相扶)'입니다.

133) 아비와 어미 ⇨ 부모(父母)

'아비와 어미'는 '부모(父母)'입니다.

134) 아버지와 스승, 아버지 겸 스승 ⇨ 부사(父師)

'아버지와 스승, 아버지 겸 스승'은 '부사(父師)'입니다.

135) 큰 소리 ⇨ 고성(高聲)

'큰 소리'는 '고성(高聲)'입니다.

136) 부아(부화)가 난다 ⇨ 분노(忿怒, 憤怒)와 화(火)

'부아(부화)가 난다'는 '분노(忿怒, 憤怒)'와 '화(火)'가 됩니다.

137) 밥과 차린 음식들 ⇨ 반찬(飯饌)

'밥과 차린 음식들'을 줄이면, '반찬(飯饌)'입니다.

138) 동부 ⇨ 두부(豆腐)

동부: 〈식물〉 1. 콩과의 한해살이 덩굴성 식물. 잎은 세 번 갈라지고 자주
색, 흰색 따위의 나비 모양의 꽃이 총상(總狀) 화서로 핀다. 종자는
팥과 비슷하나 약간 길고 식용한다. 사료, 녹비(綠肥)로 쓰인다.
한국, 동남아시아, 중앙아프리카, 미국 등지에서 재배한다. [비슷
한 말] 강두(豇豆)·광저기. (Vigna sinensis)[72]

'동부' 그대로 '두부(豆腐)'입니다.

139) 뿌연 김 ⇨ 연기(煙氣)

'뿌옇다'에서 초성 'ㅂ'이 탈락하면, 'ㅇ'이 됩니다. '김'은 '기(氣)'입니다.

---

72) 네이버 국어사전.

140) 허름하고 초라하다 ⇨ 하찮다 ⇨ 하천(下賤)

'허름하고 초라하다'는 '하찮다'가 되고, 다음 한자어 '하천(下賤)'이 됩니다.

141) 소식을 알리고 나누다 ⇨ 언론(言論)

'소식을 알리고 나누다'는 '언론(言論)'입니다.

142) 고달프다 또는 고단하다 ⇨ 곤(困)과 피곤(疲困)

'고달프다' 또는 '고단하다'는 '곤(困)'이고, 돌리면 '피곤(疲困)'이 됩니다.

143) 바장이면서 헤매다 ⇨ 배회(徘徊)

바장이다: 1. 부질없이 짧은 거리를 오락가락 거닐다.[73]

'바장이면서 헤매다'를 줄이면, '배회(徘徊)'가 됩니다.

144) 대단히 많게 시알리다 ⇨ 대다수(大多數)

'대단히 많게 시알리다'를 줄이면, '대다수(大多數)'입니다.

---

73) 네이버 국어사전.

145) 꼭대(기) 그대로 ⇨ 고대(高臺)

'꼭대(기)'는 그대로 '고대(高臺)'입니다.

146) 골와라 그대로 ⇨ 와라(蝸螺)

> 골와라: [옛말] '소라(소랏과의 연체동물)'의 옛말.[74]

'골와라'에서 '골' 탈락 후 그대로 '와라(蝸螺)'가 됩니다.

147) 과줄 거의 그대로 ⇨ 과자(菓子)

우리말 '과줄' 그대로 '과자(菓子)'입니다.

148) 고리 그대로 ⇨ 고로(栲栳)

> 고리: 키버들의 가지나 대오리 따위로 엮어서 상자같이 만든 물건

'고리' 그대로 '고로(栲栳)'입니다.

149) 구부리다 그대로 ⇨ 구(傴),[75] 부(俯), 루(僂)

'구부리다'를 하나씩 나누면, '구(傴)', '부(俯)', '루(僂)'가 나옵니다.

---

74) 네이버 국어사전.
75) 구(毆)도 있습니다. 네이버 한자사전. 구부릴 국(跼).

150) 머리와 무릎을 구부리다 ⇨ 굴복(屈伏)

'머리와 무릎을 구부리다'는 '굴복(屈伏)'입니다.

151) 마음에서 생각하다 ⇨ 사모(思慕)

'마음'은 '모(慕)'이고, '생각'은 '사(思)'입니다.

152) 끔찍이 아낀다 ⇨ 극진(極盡)

'끔찍이 아낀다'의 '끔찍'이 '극진(極盡)'입니다.

153) 비스듬히 기울어지다 돌려서 ⇨ 경사(傾斜)

'비스듬히 기울어지다'를 돌리면, '경사(傾斜)'입니다.

154) 움직이다 ⇨ 운전(運轉)

'움직이다'는 '운전'입니다.

155) 이끌다 돌려서 ⇨ 견인(牽引)

'이끌다'를 돌리면, '견인(牽引)'입니다.

156) 억눌러 잡아끌어 줄이다 ⇨ 억제(抑制)

'억눌러 잡아끌어'를 줄이면, '억제(抑制)'입니다.

157) 끈질기게 하려는 힘 돌려 ⇨ 지구력(持久力)

'힘'의 변음 '력', 우리말 안의 예로는 '울력'[76]이 있습니다.

158) 사이가 갈리어 벌어지다 ⇨ 이별(離別), 별리(別離)

'사이가 갈리어 벌어지다'는 '이별(離別)'이고, 돌리면 '별리(別離)'입니다.

159) 나란히 벌려 놓다 ⇨ 나열(羅列)

'나란히 벌려 놓다'는 '나열(羅列)'입니다.

160) 퍼지다 그대로 ⇨ 파전(播傳), 돌려서 전파(傳播)

'퍼지다'는 그대로 '파전(播傳)'이고, 돌리면 '전파(傳播)'입니다.

161) 갓을 걸다 돌려 ⇨ 괘관(掛冠)

'갓을 걸다'를 돌리면, '괘관(掛冠)'입니다.

162) 한갓지다 그대로 ⇨ 한가(閑暇)

> 한갓지다: 한가하고 조용하다.[77]

---

76) 네이버 국어사전. 여러 사람이 힘을 합하여 일함. 또는 그런 힘.

'한갓지다'는 그대로 '한가(閑暇)'입니다.

163) 한갓진 고을 돌려서 ⇨ 고향(故鄕)

향(鄕)은 '시골'의 'ㅅ'의 원음이 'ㅼ'으로 추정되는데 'ㅼ'에서 'ㅅ'탈락 후 'ㅎ'이 남습니다.

164) 좁은 마음으로 서둘러서 서투르게 일하다 ⇨ 졸속(拙速)

'좁은 마음으로 서둘러서 서투르게 일하다'는 '졸속(拙速)'입니다.

165) 몰래 돌린 ⇨ 내밀(內密)

'안'의 변음은 '내(內)'이고, '몰래'의 축음은 '밀(密)'입니다.

166) 몰래 가리방다 ⇨ 비밀(祕密)

'몰래 가리방다'는 '비밀(秘密)'입니다.

167) 흐뭇하고 좋다 ⇨ 흡족(洽足)

'흐뭇하고 좋다'는 '흡족(洽足)'입니다.

77) 네이버 국어사전.

168) 이사다 ⇨ 연속(連續)

'이사다'의 변음이 '연속(連續)'입니다.

169) 뿔나다 ⇨ 분노(忿怒)

'뿔나다'는 '분노(忿怒)'입니다.

170) 흐뭇하고 기쁘다(뿌듯하다) ⇨ 행복(幸福) ⇨ 해피(happy)[78]

'흐뭇하고 기쁘다(뿌듯하다)'는 '행복(幸福)'이고 더 멀리 가서 '해피(happy)'가 됩니다.

171) 몹시 무섭고 사나운 동물 ⇨ 맹수(猛獸)

'몹시 무섭고 사나운 동물'은 '맹수(猛獸)'입니다.

172) 이어가서 끝맺음하다/꿰매다 ⇨ 연결(連結)

'이어가서 끝맺음하다/꿰매다'는 '연결(連結)'입니다.

173) 호되다 ⇨ 혹독(酷毒)

'호되다'는 '혹독(酷毒)'입니다.

---

78) '우리말에서 나온 영어'는 차후에 다룰 예정이다.

174) 호젓하다 ⇨ 한적(閑寂)

'호젓하다'는 '한적(閑寂)'입니다.

175) 다만, 다만지 ⇨ 단지(但只)

> 다만지: [옛말] '다만'의 옛말.[79]

'다만, 다만지' 그대로 '단지(但只)'입니다.

176) 견주다 ⇨ 경쟁(競爭)

'견주다'는 '경쟁(競爭)'입니다.

177) 보살피고 간직하다 ⇨ 보관(保管)

'보살피고 간직하다'는 '보관(保管)'입니다.

178) 부닥치다 ⇨ 봉착(逢着)

'부닥치다'를 줄이면, '봉착(逢着)'입니다.

---

79) 네이버 국어사전.

179) 털어 놓다 ⇨ 토로(吐露)

'털어 놓다'는 '토로(吐露)'입니다.

180) 술렁술렁하다 ⇨ 소란(騷亂)

> 술렁술렁하다: 어수선하게 자꾸 소란이 일다.[80]

'술렁술렁하다'는 '소란(騷亂)'입니다.

181) 갈(대) ⇨ '가(葭)'와 '로(蘆)'

'갈'의 초성에서 나온 '가(葭)'와 '종성 ㄹ'에서 나온 '로(蘆)'입니다.

182) 박쥐 ⇨ 복(蝠)과 편(蝙), 직(蠞)

'박쥐'는 밤의 쥐라는 것으로 '밤쥐'에서 나온 표현입니다. 하나씩 나누어지면서 '복(蝠)과 편(蝙)', '직(蠞)'이 됩니다.

183) 싱싱하고(새롭고) 산뜻하다 ⇨ 신선(新鮮)

'싱싱하고(새롭고) 산뜻하다'는 '신선(新鮮)'입니다.

---

80) 네이버 국어사전.

184) 비슷한지 견주어 보다 ⇨ 비교(比較)

'비슷한지 견주어 보다'는 '비교(比較)'입니다.

185) 도가니 ⇨ 도관(옛말) ⇨ 도관(陶管)

'도가니' 옛말은 '도관'[81]입니다. 한자음 '도관(陶管)'이 바로 나오게 됩니다.

186) 갖추고 비스다 ⇨ 구비(具備)

> 비스다: [옛말] '꾸미다'의 옛말.

'갖추어 꾸미고 비스다'는 '구비(具備)'입니다.

187) 건져 위로 올리다 ⇨ 구원(救援)

'건지고 꺼집어 내다'는 '구(救)'이고, '위로 올리고 일으키고 도우다'는 '원(援)'입니다.

188) 연모와 연장으로 갖추고 꾸미는 것 ⇨ 용구(用具)

연장, 연모는 순우리말입니다.

---

81) 네이버 국어사전.

> 연장: 1. 어떠한 일을 하는 데에 사용하는 도구.[82]
> 연모: 물건을 만들거나 일을 할 때에 쓰는 기구와 재료.[83]

'연장과 연모의 연'에서 나온 '용구(用具)'의 '용(用)'입니다. 지게, 배게, 도리깨의 '-게'의 구이고, '갖추다'의 '구'입니다.

189) 얼마에 팔다 ⇨ 판매(販賣)

'팔다'는 '판(販)'이고, '얼마/얼매'는 '매(賣)' 혹은 '팔다'의 변음 '매(賣)'입니다.

190) 쓸고 씻다 ⇨ 소식(掃拭)

'쓸고 씻다'는 '소식(掃拭)'입니다.

191) 빠개다 ⇨ 파괴(破壞)

'빠개다'는 '파괴(破壞)'입니다.

192) 씽씽 싸게 싸게 ⇨ 신속(迅速)

'빠르게'의 변음이 우리말 안에서 '싸게 싸게', 한자어에서 '신속(迅速)'이 됩니다. 즉 옛말은 'ㅄ'의 '빠르다'이니, 'ㅅ'에서 나온 표현들입니다.

---

82) 네이버 국어사전.
83) 네이버 국어사전.

193) 딸랑딸랑 방울 ⇨ 탁령(鐸鈴)

우리말 '딸랑딸랑' 의성어 그대로 흉내 낸 한자어 '탁령(鐸鈴)'입니다.

194) 박달나무 ⇨ 단목(丹木)

'박달나무' 그대로 '단목(丹木)'입니다.

195) 개붑다, 가볍다 ⇨ 경박(輕薄)

'개붑다, 가볍다'는 '경박(輕薄)'입니다.

196) 손뼉치기 ⇨ 박수(拍手)

'손뼉치기' 돌리면, '박수(拍手)'입니다.

197) (재능과 힘을) 피우고 휘두르다 ⇨ 발휘(發揮)

'피우다'는 '발(發)'이고, '휘두르다'는 '휘(揮)'입니다.

198) 깨우쳐 알다 ⇨ 각오(覺悟)

'깨우쳐 알다'는 '각오'입니다.

199) 밥과 국 ⇨ 반갱(飯羹)

'밥'의 옛말 '반' 그대로 반(飯), 국의 옛말 '깅' 그대로 '갱(羹)'

200) 절편 ⇨ 전병(煎餅) 혹은 절병(切餅)

우리말 '절편' 그대로 '전병(煎餅)' 혹은 '절병(切餅)'입니다. 떡을 해먹는 문화도 우리 문화 그대로 중국 문화가 되었다고 봅니다.

201) 읊조리다 ⇨ 음조(音調)

'읊조리다'는 '음조(音調)'입니다.

202) 얼굴머리 ⇨ 안면(顔面)

'얼굴'은 '안(顔)'이고, '머리'는 '면(面)'입니다.

203) 반빗 ⇨ 반비(飯婢)

> 반빗: 1. 예전에, 반찬 만드는 일을 맡아 하던 직책. 2. [같은 말] 반빗아치 (예전에, 반찬을 만드는 일을 맡아 하던 여자 하인).[84]

'반빗'은 '반비(飯婢)'입니다.

204) 벼슬 ⇨ 배신(陪臣)

'벼'는 '배(陪)', '슬'은 '신(臣)'입니다.

---

[84] 네이버 국어사전.

205) 이어져 엮어진 것 ⇨ 인연(因緣)

‘이어져 엮어진 것’은 ‘인연(因緣)’입니다.

206) 도둑 ⇨ 도적(盜賊)

‘ㄷ’이 ‘ㅈ’으로 변한 ‘적’입니다. 우리말 그대로 한자어라고 보아도 됩니다.

207) (몸을) 바꾸어 뒤척이다 ⇨ 반측(反側)

‘(몸을) 바꾸어 뒤척이다’는 ‘반측(反側)’입니다.

208) (숨긴 일이) 벗겨지다 ⇨ 발각(發覺)

‘(숨긴 일이) 벗겨지다’는 ‘발각(發覺)’입니다. 옷이 벗겨지면, 벌거숭이 혹은 빨가숭이입니다.

209) (물건을) 벗겨 보다 ⇨ 발견(發見)

‘(물건을) 벗겨 보다’는 ‘발견(發見)’입니다.

210) (성을) 발끈 내다 ⇨ 발기(勃起)

‘(성을) 발끈 내다’는 ‘발기(勃起)’입니다.

211) 발랑발랑 ⇨ 발랄(潑剌)

> 발랑발랑: 1. 아주 가볍고도 재빠르게 잇따라 행동하는 모양. 2. 아주
> 가볍고도 재빠르게 잇따라 움직이는 모양.[85]

'발랑발랑'은 '발랄(潑剌)'입니다.

212) 퍼덕퍼덕, 펄떡 ⇨ 발랄(跋剌)

> 퍼덕: 1. 큰 새가 가볍고 크게 날개를 치는 소리. 또는 그 모양. 2. 큰
> 물고기가 가볍고 크게 꼬리를 치는 소리. 또는 그 모양. 3. 큰 깃발
> 이나 빨래 따위가 바람에 거칠게 날리는 소리. 또는 그 모양.[86]
> 발랄(跋剌): 1. 물고기가 뛰는 소리 2. 새가 나는 소리[87]

'퍼덕퍼덕, 펄떡'은 '발랄(跋剌)'입니다.

213) 뿌리 뽑다 ⇨ 발본(拔本)

'뿌리 뽑다' 돌려서 '발본(拔本)'입니다.

214) 비롯하여 생겨남 ⇨ 발생(發生)

'비롯하여 생겨남'은 '발생(發生)'입니다.

---

85) 네이버 국어사전.
86) 네이버 국어사전.
87) 한글학회 조선어큰사전. 한글학회 온라인 인터넷 게시 제시어를 기준으로 했습니다.

215) 밖으로 소리냄 ⇨ 발성(發聲)

'밖으로 소리냄'은 '발성(發聲)'입니다.

216) 발쇠하여 일러 가르쳐주다 ⇨ 발고(發告), 고발(告發)

> 발쇠: 남의 비밀을 캐내어 다른 사람에게 넌지시 알려 주는 짓. [비슷한
> 말] 발.88)

'발쇠하여 일러 가르쳐주다'는 '발고(發告)'이고, 돌려서 '고발(告發)'이
됩니다.

217) 뽑은 좋은 이삭 ⇨ 발수(發穗)

'뽑다'는 '발(發)'이고, '이삭'의 '삭'의 '수(穗)'입니다.

218) 소리쳐 불러 (사람을) 모음 ⇨ 소모(召募)

'소리쳐 불러 (사람을) 모음'은 '소모(召募)'입니다.

219) 번거롭고 더러움 ⇨ 번독(煩瀆)

'번거롭고 더러움'은 '번독(煩瀆)'입니다.

---

88) 네이버 국어사전.

220) 동냥 ⇨ 동량(洞糧)

'동냥' 그대로 '동량(洞糧)'입니다.

221) 방귀 ⇨ 방기(放氣)

'방귀'는 '방기(放氣)'입니다.

222) 똥과 오줌 ⇨ 시(屎)와 요(尿)

똥[89]은 옛말이고, '시동'은 '똥'의 방언(전남, 제주)입니다.[90] 옛말과 방언을 비교해 보면, 초성 ㅅ이 '시동'의 '시'가 되고 한자어 '시(屎)'가 됩니다. 오줌 줄이면, '요(尿)'입니다.

223) 방게 ⇨ 방기(螃蟻), 팽기(蟛蟻)

'방게'는 '방기(螃蟻), 팽기(蟛蟻)'입니다.

224) 하소연하다 ⇨ 호소(呼訴)

'하소연하다'는 '호소(呼訴)'입니다.

---

89) 네이버 국어사전. [옛말] '똥'의 옛말.
90) 네이버 국어사전.

225) 번거롭고 까다롭다 ⇨ 번가(煩苛)

'번거롭고 까다롭다'는 '번가(煩苛)'입니다.

226) 바꾸고 옮김 ⇨ 번역(飜譯)

'바꾸고 옮김'은 '번역(飜譯)'입니다.

227) 임금/님금 ⇨ 왕군(王君)

'임금/님금'은 '왕군(王君)'입니다.

228) 속이다[소기다] ⇨ 사기(詐欺)

'속이다[소기다]'는 '사기(詐欺)'입니다.

229) 질고 뎌르다 ⇨ 장단(長短)

뎌르다: [옛말] '짧다'의 옛말.[91]

'길다'는 '질다'이고 '장(長)'입니다. '짧다'는 '뎌르다'이고 '단(短)'입니다.

---

[91] 네이버 국어사전.

230) 모습 ⇨ 모상(貌相), 모양(模樣)

'모'는 '모(貌)'이고, '양(樣)'의 경우 고대 음가가 '향'이고 '향'에서 한
국어 '습', 한자어 '양'이 나타납니다. '모습' 그대로 '모상(貌相)'입니다.

231) 동무 ⇨ 동료(同僚)

'동무'는 '닮은92) 무리'인데, '무리'의 '리'에서 나온 '료'입니다.

232) 같고 다르다 ⇨ 동(同)과 타(他), 차(差)

'같다'의 옛말은 '닿다'이니 한자어는 '동(同)'입니다. '다르다'의 'ㄷ'
에 가획을 하면 변음 '타'가 됩니다. 그 '타'의 변음은 '차'입니다.

233) 수저 ⇨ 시저(匙箸)

'수저' 우리말 그대로 한자어 '시저(匙箸)'가 되었습니다. 그래서 수저
문화도 한국에서 중국으로 간 것임을 알 수 있습니다.

234) 하늘로부터 받은 마음 씀씀이 ⇨ 부성(賦性)

'하늘로부터 받은'은 '부(賦)'이고, '마음 씀씀이'는 '성(性)'입니다.

---

92) 네이버 국어사전. [옛말] '같다'의 옛말.

7. 중요한 소고(小考)들

1) 배 고찰

앞에서 추리했다시피, 고대 한국인들은 모든 사물에 ㅎ을 붙였는데 배의 고어도 '뱛/밯'입니다. 그 보충 증거가 한자어 종성입니다. 우리말 은 ㅎ 탈락된 것이고, 한자어는 ㅎ이 ㄱ으로 변한 것입니다. 먼저 운송 도구 '비'입니다.

'뱛/밯93)' ⇨ 한국어 배, 한자어 박(舶)94)

신체 '배'도 마찬가지입니다. '코나 이마, 팔(밣)'에 ㅎ이 붙어 있으니, 배에도 ㅎ이 붙어 있었다고 보아야 합니다. 이는 한자어 종성 ㄱ이 되었 습니다.

'뱛/밯' ⇨ 한국어 배, 한자어 '복(腹)'95)

베 포(布)의 첫 음도 '뱛'이라고 추정합니다.
ㅂ이 ㅍ으로 변하고 ㅎ이 우리말과 한자어에서 모두 탈락했습니다.

2) 마을과 부락(部落) 사이 고찰

마을의 옛말은 '只숧'입니다. 마을의 '마'가 'ㅂ'으로 변음해서 '부'가

---

93) 편의상 '비' 아래 ㅎ이 아닌 현대 한글을 가지고 표현했습니다.
94) 영어 '보트 boat'도 여기서 나왔습니다. 영어 't'가 종성 ㅎ입니다.
95) 한자어는 종성 ㅎ의 존재를 추정할 수 있고, 영어 belly에서 -lly가 우리말 종성 ㄿ을 나타낸다고 볼 수 있습니다.

되고, 둘째 음에서 종성 'ᄚ'이 풀어져 '락'이 됩니다.

3) 도랑과 가람의 고찰

도랑은 작은 내, 가람은 큰 내입니다. 도랑의 옛말은 '돌' 혹은 '돓'[96] 입니다. 옛말과 현대어를 비교해서 '종성 ᄚ'이 늘어져 '랑'이 되었다는 것을 잘 알 수 있고, ㄹ에 원래는 ㅎ도 붙어 있어 'ᄚ'이 최고 원음이라 는 것을 알 수 있습니다. 그러면 '가람'의 옛말도 '갈' '갋'임을 추리할 수 있고, 더구나 한자어 '강(江)'의 '종성 ㅇ'은 'ㅎ의 변음'임을 더욱 확 인할 수 있습니다. 도랑의 경우 한자음은 무엇일까요? '도랑 독(瀆)', 역 시 우리 원 발음 '돓'에서 '종성 ㅎ'이 ㄱ으로 변했습니다. 도랑의 경우, 발음을 표현하는 부분 음가는 매(賣)입니다.[97] 하지만 우리말 '도랑/돓' 에 맞추어 '독'이 된 것입니다. 가람에 강(江), 도랑에 독(瀆), 고랑(밭고 랑)에 견(畎), 과연 우연히 가능할까요? 이는 우리 고대 한국어에 맞춘 또 하나의 언어인 한자어입니다.

4) 초성에 자음이 2개인 경우 고찰

옛말에 초성 자음이 2개인 경우 현재 우리말과 한자어에는 특이점이 있습니다.

예로 '짝'의 옛말은 'ᄧ'입니다. 현 한국어는 초성 2개 자음 중 뒤의 ㅈ에 맞추고, 한자어는 '배(配)'로서 'ᄧ' 중 'ㅂ'에 맞춘 음가가 됩니다. 초성 2개인 경우 대다수 이런 규칙 적용을 받습니다.

---

96) 네이버 국어사전.
97) 네이버 한자사전.

5) 물, 미즈, 바써, 워터

'허영호 님'은 '조선어 기원론에서 바닷물의 바다를 통해서 water를 고찰했습니다. 저는 새로이 다음 견해를 제시합니다. 물의 고어는 '믈'이고, 더 고어는 '믏'이었다고 봅니다.

우리말 '믏'에서 ㅁ이 ㅂ으로 바뀌고, ㄹㅎ이 ㅆ으로 변했다고 보면, 독어 Wasser[바써]이고, 독어의 ㅂ이 영어의 ㅇ, -sser이 영어에서 -ter로 변합니다.

6) 'ㄹㅎ'으로 돌아온 예 고찰

'뚫다'의 옛말은 '듧다'[98]입니다. 놀랍게도 옛말 '듧다' 보다 현대어 '뚫다'가 더 고어에 다가간 언어 표현이라는 것입니다.

7) 소(沼)와 솛

네이버 국어사전에 '솛'이라 나온 한자어 '소(沼)'가 있습니다. 이는 제가 주장한 ㅎ 종성이 한자음에도 존재했다는 증거입니다.

---

98) 네이버 국어사전.

제2장 합용병서(合用竝書)를 통한 고대 언어 고찰

1. 합용병서란 무엇인가?

쉽게 말하자면 쌍자음입니다. 현재 우리말에는 자음이 쌍자음[1]으로 5개만 남아 있습니다. 이를 한자어로 병서(竝書)라고 합니다. 이 병서는 각자병서(各字竝書)와 합용병서(合用竝書)[2]로 나누는데, 현재 합용병서는 각자병서의 형태로만 존재합니다. 훈민정음 시절 합용병서는 2개의 자음으로 된 ㅳ, ㅄ, ㅶ, ㅲ/ㅺ, ㅼ, ㅽ과 3개의 자음으로 된 ㅴ, ㅵ이 있습니다.

먼저 예를 들어 합용병서의 특징을 살피고 우리말과 한자어의 결합어가 합용병서임을 밝히겠습니다. 우리말 '사나이'의 옛말은 '싸히, ᄾ나히'였습니다. 보시다시피 우리말 초성 'ᄾ'이 'ㅅ'과 'ㄴ'으로 분리됩니다. 이를 우리말과 한자어 사이에 적용해 보겠습니다.

---

1) ㄲ, ㄸ, ㅃ, ㅆ, ㅉ.

2) 신상순·이돈주·이환묵, 『훈민정음의 이해』, 한신문화사, 1988, 41쪽.

나무를 한자어로 수목(樹木)이라 합니다. 우리말 무는 한자어 '목'이 됩니다. 만약 나무의 원어가 'ㅅ나무'라면, 'ㅅ'에 맞춘 한자어 '수(樹)'가 되는 것입니다. 그래서 우리말 초성과 한자어 사이, 그리고 우리말과 서양언어(독어, 영어 등)에 이런 현상이 나타나는 것입니다. 우리말, 한 자어, 영어 사이를 기준으로 살펴보겠습니다. 모래 사(沙), 앞 합용병서 이치를 모래에 적용해보면, 모래 앞에 ㅅ을 붙일 수 있습니다. ㅅ모래에 서 ㅅ의 사(沙), 그리고 영어의 sand[샌드]가 나오게 되는 것입니다. 이런 과정을 거치면 우리말 초성 앞에 어떤 소리가 분리되어 한자어와 전 세계어가 된다는 것을 알 수 있습니다. 우리말과 한자어의 기본적인 단어 대응을 조금 열거하고 다음으로 넘어가겠습니다.

1) 물 수(水), ㅅ물
2) 뫼 산(山), ㅅ뫼
3) 머리 수(首), ㅅ머리
4) 마음 심(心), ㅅ마음
5) 몸 신(身), ㅅ몸
6) 맡을 사(司), ㅅ맡다

ㅁ 앞에 ㅅ이 있는 것뿐만 아니라, ㄱ, ㄴ, ㄷ, ㅂ 등 모든 초성에 ㅅ이 모두 있었다고 보면 바로 우리 환국배달어가 되는 것입니다.

2. 합용병서 쉽게 이해하기

앞에서 말씀드린 대로 합용병서에 ㅅㄱ, ㅅㄴ, ㅅㄷ, ㅅㅂ이 있습니다. 어떻게 하면 이 합용병서를 쉽게 이해할 수 있을까요? 이는 'ㆆ'이 첫 음으로 여기 ㅎ에서 ㄱ, ㄴ, ㄷ, ㅂ이 나온다라고 이해하면 더 쉽게 그 이치를 깨우칠 수 있습니다. ㅲ, ㅄ, ㅶ, ㅷ도 마찬가지입니다. ㅂ 옆에 ㅎ이 있다면 더 이해하기 좋습니다. ㅎ의 변음이 ㄷ, ㅅ, ㅈ, ㅌ으로 나타납니다. 바다 해(海)의 경우, 옆에 ㅎ이 있다면 굳이 ㅂ의 변음이라 안 해도 됩니다. 더 원어로 올라가면, ㆅ이라 추리할 수 있습니다. 훈민정음 초기에는 있었던 각자병서입니다.

그래서 ㅺ, ㅻ, ㅼ, ㅽ도 ㆅ에서 나온 것이고 ㅲ, ㅄ, ㅶ, ㅷ도 ㆅ에 나온 것이라고 할 수 있습니다. 합용병서의 출처를 쉽게 이해하기 위해서는 중간 단계의 ㅅㅎ에서 나온 ㅺ, ㅻ, ㅼ, ㅽ과 ㅂㅎ에서 나온 ㅲ, ㅄ, ㅶ, ㅷ이라 하면 됩니다.

실제 우리 환족 일파인 인도인들에게는 몇 개의 초성 옆에 ㅎ을 남겨두고 있는데, kh, gh, ch, jh, th, dh, ph, bh가 현재에도 정확히 남아 있습니다.[3]

그래서 ㄴ의 경우 현재 각자병서 ㄸ과 합용병서 ㅼ으로 남아 있지만, 이해하기 쉽게 ㄶ에서 나온 각자병서 ㄸ과 합용병서 ㅼ이라 볼 수 있습니다. 그러면 ㄶ에서 나온 최대 병서의 소리로는 ㅥ, ㅥ, ㄷ, ㄹ, ㄼ, ㅂ, ㅆ, ㅇ, ㄵ, ㅊ, ㅋ, ㅌ, ㅍ 등이 나올 수 있습니다. 물론 초성에서는 다 사라졌지만, '않다'에서 보듯이 종성에는 'ㄶ'이 남아 있습니다.

이런 추리를 통해서 우리말과 한자어 사이의 ㄴ과 ㄱ의 존재 법칙을 알 수 있습니다.

나라 귁/국(國), 노래 가(歌), 놀랄 경(驚), 높을 고(高)의 예가 있습니다. ㄴ 안에 ㄱ이 있는 것, 즉 '나라'라면, 처음에는 'ㄴ하라'였다고 보면 됩니다. 그러면 '누럴 황(黃)', 'ㄴ후렇다'의 'ㄶ' 중 'ㅎ'의 황이 됩니다. 이전 연구대로 그냥 쉽게 ㄴ에서 ㅎ으로 간다고 해도 크게 틀리지 않습니다. 그래서 정리를 해보자면,

3) http://www.omniglot.com/writing/brahmi.htm

ㄱㅎ에서 ㄲ, ㄲ, ㄸ, ㄺ, ㄲ, ㄳ, ㄳ, ㅇ, ㄵ, ㄽ, ㄱ, ㄸ, ㄸ

ㄴㅎ에서 ㄴㄱ, ㄴㄴ, ㄴㄷ, ㄴㄹ, ㄴㅁ, ㄴㅂ, ㄴㅅ, ㄴㅇ, ㄴㅈ, ㄴㅊ, ㄴㅋ, ㄴㅌ, ㄴㅍ

ㄷㅎ에서 ㄷㄱ, ㄷㄴ, ㄸ, ㄷㄹ, ㄷㅁ, ㄷㅂ, ㄷㅅ, ㄷㅇ, ㄷㅈ, ㄷㅊ, ㄷㅋ, ㄸ, ㄷㅍ

ㄹㅎ에서 ㄹㄱ, ㄹㄴ, ㄹㄷ, ㄹㄹ, ㄹㅁ, ㄹㅂ, ㄹㅅ, ㄹㅇ, ㄹㅈ, ㄹㅊ, ㄹㅋ, ㄹㅌ, ㄹㅍ

ㅁㅎ에서 ㅁㄱ, ㅁㄴ, ㅁㄷ, ㅁㄹ, ㅁㅁ, ㅁㅂ, ㅁㅅ, ㅁㅇ, ㅁㅈ, ㅁㅊ, ㅁㅋ, ㅁㅌ, ㅁㅍ

ㅂㅎ에서 ㅂㄱ, ㅂㄴ, ㅂㄷ, ㅂㄹ, ㅂㅁ, ㅃ, ㅄ, ㅂㅇ, ㅂㅈ, ㅂㅊ, ㅂㅋ, ㅂㅌ, ㅂㅍ

ㅅㅎ에서 ㅅㄱ, ㅅㄴ, ㅅㄷ, ㅅㄹ, ㅅㅁ, ㅅㅂ, ㅆ, ㅅㅇ, ㅅㅈ, ㅅㅊ, ㅅㅋ, ㅅㅌ, ㅅㅍ

ㅇㅎ에서 ㅇㄱ, ㅇㄴ, ㅇㄷ, ㅇㄹ, ㅇㅁ, ㅇㅂ, ㅇㅅ, ㅇㅇ, ㅇㅈ, ㅇㅊ, ㅇㅋ, ㅇㅌ, ㅇㅍ

ㅈㅎ에서 ㅈㄱ, ㅈㄴ, ㅈㄷ, ㅈㄹ, ㅈㅁ, ㅈㅂ, ㅈㅅ, ㅈㅇ, ㅉ, ㅈㅊ, ㅈㅋ, ㅈㅌ, ㅈㅍ

ㅊㅎ에서 ㅊㄱ, ㅊㄴ, ㅊㄷ, ㅊㄹ, ㅊㅁ, ㅊㅂ, ㅊㅅ, ㅊㅇ, ㅊㅈ, ㅊㅊ, ㅊㅋ, ㅊㅌ, ㅊㅍ

ㅋㅎ에서 ㅋㄱ, ㅋㄴ, ㅋㄷ, ㅋㄹ, ㅋㅁ, ㅋㅂ, ㅋㅅ, ㅋㅇ, ㅋㅈ, ㅋㅊ, ㅋㅋ, ㅋㅌ, ㅋㅍ

ㅌㅎ에서 ㅌㄱ, ㅌㄴ, ㅌㄷ, ㅌㄹ, ㅌㅁ, ㅌㅂ, ㅌㅅ, ㅌㅇ, ㅌㅈ, ㅌㅊ, ㅌㅋ, ㅌㅌ, ㅌㅍ

ㅍㅎ에서 ㅍㄱ, ㅍㄴ, ㅍㄷ, ㅍㄹ, ㅍㅁ, ㅍㅂ, ㅍㅅ, ㅍㅇ, ㅍㅈ, ㅍㅊ, ㅍㅋ, ㅍㅌ, ㅍㅍ

ㅎㅎ에서 ㅎㄱ, ㅎㄴ, ㅎㄷ, ㅎㄹ, ㅎㅁ, ㅎㅂ, ㅎㅅ, ㅎㅇ, ㅎㅈ, ㅎㅊ, ㅎㅋ, ㅎㅌ, ㅎㅍ

그래서 ㅎ은 모든 초성에 대응하게 되는 것입니다.

우리 옛말에 초성 ㅄ, ㅴ이 있으니 최대 ㅎㅎㅎ까지 혹은 ㅎ을 변화시켜 ㅄㅎ까지 원 초성 음가를 추정할 수 있습니다. 자음 3개가 우리 옛말에 남아 있으니, 최대의 3개 자음 수는 엄청난 수가 될 것이고 곧 전 세계 어를 포함 할 수 있는 것입니다.

3. 3개 자음의 경우

현 3개의 자음은 ㅄ, ㅴ 2개만 남아 있습니다. 그 중 때의 '빼'를 살펴 보겠습니다. 때 시(時)의 한자어 '시'는 'ㅴ' 중 'ㅅ'에서 나온 것입니다. 그래서 후대 한자어와 우리말이 합쳐 '시시(時時)때때'란 표현이 나오는 것입니다. 원래는 우리말이나 한자어나 동일하게 '빼'였습니다.

다음 '꿀'에 해당하는 자음 3개를 보겠습니다. 꿀의 옛말은 '뿔'입니다. 한자어로 '밀(密)'이니 이는 'ㅄ'에서 'ㅂ'의 변음 'ㅁ'이라고 봅니다. ㅁ, ㅂ, ㅍ은 동일한 순음 계열로서 서로 쉽게 변합니다. 이 'ㅄ' 3개가 'ㅂ'이 사라진 후 2개로 줄어들면, 'ㅅ'으로 나타납니다. 이 'ㅅ'이 각자병서가 되어 'ㄲ'의 '꿀'이 됩니다.[4]

4. 합용병서의 구체적인 예

지금부터는 우리말에 남아 있는 합용병서를 통해서 한자어 혹은 영어로의 분파를 설명해 보겠습니다. 먼저 편의상 ㅂ과 결합한 합용병서 'ㅳ, ㅄ, ㅶ, ㅷ'를 살펴보는데 그 중에서도 가장 이해하기 쉬운 '뜨다'를 보겠습니다. 합용병서 ㅳ은 쌍자음 ㄸ으로 나타납니다.

1) 뜨다 = 뜰 부(浮)

우리 옛말 '뜨다'에서 ㅂ은 '부(浮)', ㅂ이 ㄷ 음에 따라 가면서 합용병서에서 각자병서로 바뀌게 됩니다. 그런 과정 속에 현대 한국어 '뜨다'가 생기게 된 것이고, 원래 '뜨다'의 앞 초성 'ㅳ' 중 'ㅂ'에 맞춘 '부'가 나온 것입니다. 영어는 순음 'ㅁ, ㅂ, ㅍ'에서 'ㅍ'의 'float'가 됩니다.

---

4) 네이버 국어사전.

2) 쁘다2, 㷀 쁠 부5)

네이버 '쁘다'에 등재된 2번째 단어입니다. 네이버 한자사전에 '삶을 부'라 되어 있지만, 훈몽자회에는 '쁠 부'라 되어 있습니다. 역시 초성 'ㅳ' 중 'ㅂ'에 맞춘 '부'가 나온 것입니다.

3) 쁘다3

'떠나다'란 의미로 사용된 단어입니다. 출발(出發)의 '발(發)'로서 '발(發)'의 여러 의미 중 '떠나다'입니다.

이렇게 우리말 '합용병서'에서 나온 한자음이라는 것을 알 수 있습니다.

4) 뜻 지(志)

뜻의 옛말은 '뜯'입니다. 우리말은 합용병서에서 각자병서로 변한 것이고, 한자음은 'ㅳ' 중에서 'ㄷ'의 변음 'ㅈ'입니다. 혹은 'ㅳ'에서 더 원음이었던 3개의 초성 'ㅴ'에서 'ㅅ'의 변음 'ㅈ'으로 보아도 됩니다.

5) 쁟다, 뜯다 = 뜯다

우리말 '뜯다'에는 많은 의미가 담겨 있습니다. 기본적으로는 물건을 찢어 뜯어내는 것이란 의미가 있고, 다음 현악기를 퉁겨 소리를 내다라는 의미도 있습니다. 이 단어는 또한 'ㅳ' 초성이 'ㅸ'으로도 변한 음가

---

5) 네이버 국어사전. 출처: 〈훈몽자회(예산 문고본)〉(1527) 하: 6.

를 동시에 표기하고 있으며, 'ㅴ'에서 'ㅺ'[6]으로 변하는 과정도 보여줍니다. 한자어로는 '뜯을 모(耄)'가 있으니, 'ㅴ'에서 'ㅂ'의 변음 'ㅁ'이라고 봅니다. 영어는 'tear'입니다.

6) 떼배/떼 = ㅴ[7]

한자어로는 '큰 떼 패(牌)'와 '벌(筏)'이 나오는데, 역시 우리말 'ㅴ' 중 'ㅂ'에 맞춘 '벌', 'ㅴ' 중에서 'ㅂ'의 변음 'ㅍ'입니다.

7) 떨치다[8]

'떨치다/떨구다'라는 것으로 '抖 떨틸 두'와 '撒 들틸 수/ 떨틸 수'가 있습니다. 초성 부분이 합용병서 'ㅴ'이니 'ㄷ'의 '두'이고, 'ㅴ'의 원 음가라고 볼 수 있는 'ㅵ' 중 'ㅅ'의 '수'입니다. 이런 과정 속에 우리 자음 2개가 결합한 합용병서는 3개의 합용병서에서 온 것이라 알 수 있습니다. '떨어트릴 탁(㳉)'도 역시 합용병서 'ㅴ'이라면, 'ㄷ'의 변음 'ㅌ'입니다.

8) 찔 증(蒸)

ㅴ다(〈능엄경언해(1461)〉), 'ㅴ'은 주로 'ㄸ'으로 변화되지만, 'ㄷ'이 'ㅈ'으로 쉽게 변하는 원리에 따라 '찌다'가 됩니다. 또한 한자어도 동일한 음가 변음 규칙의 적용을 받아 '증(蒸)'이 된 것입니다.

---

6) 네이버 국어사전. 〈쁜다〈쁜다 〈『월인석보(1459)〉.
7) 네이버 국어사전. [옛말] '떼3[筏]'의 옛말.
8) 네이버 국어사전. 抖 떨틸 두 撒 들틸 수 떨틸 수. 출처 〈신증유합(1576)〉 하: 9.

9) 뛰어나다 = 초월(超越), 탁월(卓越)

超 뿌여날 툐(〈신증유합(1576)〉 하: 5), 합용병서 'ㅳ'에서 'ㄷ'의 변음 'ㅌ'이 옛 한자어이고, '툐'의 변음이 현 한자어 '초'입니다.

10) 띄우다[9] = 발효(醱酵)

띄우다의 옛말은 '뜌우다'입니다. 사동사를 형성하는 '우'는 원래 '후' 라고 추정합니다. 그래서 합용병서 'ㅳ'에서 'ㅂ'의 '발', '우/후'의 '효'가 됩니다.

11) 따르다 = 배행(陪行)

따르다의 옛말은 '뜰오다'입니다. '오'는 원래는 '호'라고 추정합니다. 그래서 합용병서 'ㅳ'에서 'ㅂ'의 '배', '오/호'의 '행'이 됩니다.

다음으로 'ㅄ'을 보겠습니다. 현 우리말에 쌍자음 ㅆ로 나타납니다.

11) 씨 = 㐎[10]

ㅳ, ㅄ, ㄷ까지 잘 나타난 단어입니다. 옛말은 'ㅄ'이란 합용병서입니 다. 또 하나의 옛말이 바로 '붕'입니다. 현 우리말 '씨'와 '붕'을 일치시 키기는 쉽지 않습니다. '붕'을 이해하기 위해서는 반드시 우리 옛말의 합용병서 'ㅄ'을 알고 있어야 하고, 종성 탈락이 있었다는 사실을 알아

---

9) 네이버 국어사전. 「…을」 '뜨다(누룩이나 메주 따위가 발효하다)'의 사동사.
10) 네이버 국어사전. [옛말] '씨1'의 옛말.

야 합니다. 그리고 합용병서 'ㅄ' 중 'ㅂ'은 초성에 남고 'ㅅ'이 종성으로 내려가는 특별한 단어이기도 합니다. 한자어는 'ㅄ' 중 'ㅅ'이 'ㅈ'으로 변음이 되어, '씨 종(種)'과 '씨앗 자(籽)'로 나타나게 됩니다. 영어는 거의 우리말 그대로 'seed'입니다.

다음으로 자음 하나 'ㄷ'입니다. 씨를 아주 특별히 '달'이라고도 하는데 심마니들의 은어로 '씨'를 이르는 말입니다. 이 심마니어 '달'은 'ㅵ'의 'ㄷ'의 '달'입니다.

12) 쌀 미(米)

쌀의 옛말은 'ᄡᆞᆯ'입니다. 'ㅄ' 중 'ㅂ'의 변음 'ㅁ'의 미(米)입니다. 심마니의 은어로 '모래미, 모새, 왕'이 있습니다. 역시 'ㅄ' 중 'ㅂ'의 변음 'ㅁ'이 '모래미'와 '모새'의 '모'가 된 것입니다. 아예 초성이 'ㅇ'으로까지 변한 것이 '왕'입니다.

13) 쏘다 = 발사(發射)

ᄡᅩ다(〈분류두공부시언해(초간본)(1481)〉),[11] 우리말 '쏘다'의 옛말 중 하나가 'ㅄ'을 지닌 합용병서입니다. 'ㅄ' 중 'ㅂ'은 '발', 'ㅅ'은 '사'가 됩니다. 영어는 'shoot'입니다.

14) 물건을 싸다 = 포장(包裝)

ᄢᆞ다(〈석보상절(1447)〉), 석보상절에 우리 옛말로 'ᄢᆞ다'라고 표기되어 있습니다. 'ㅄ' 중 'ㅂ'의 변음 'ㅍ'의 '포', 'ㅄ' 중 'ㅅ'의 변음 'ㅈ'의 '장'

---

11) 어원: 쏘다(〈훈해〉)/ 소다(〈월석〉)/ ᄡᅩ다(〈분류두공부시언해(초간본)(1481)〉).

이 됩니다.

15) 똥 싸다 = 배설(排泄)

ᄡ다(⟨구급간이방언해(1489)⟩), 우리 옛말로 'ᄡ다'라고 표기되어 있습니다. 'ᄡ' 중 'ㅂ'은 '배', 'ㅅ'은 '설'이 됩니다. 영어단어에서 오줌을 싸면 'ㅂ'의 피 pee, 똥을 싸면 'ㅅ'의 쉬트 shit입니다.

16) '소비하다'의 쓰다 = 소비(消費)

쓰다, 'ᄡ' 중 'ㅂ'은 '비', 'ㅅ'은 '소'가 됩니다. 한자 성어는 교차되었지만, 교차는 일반적인 현상입니다. 영어는 'spend'입니다.

17) 사용하다의 쓰다 = 사용(使用)

쓰다, 'ᄡ' 중 'ㅅ'은 '사'이고, 'ㅂ'은 'ㅇ'으로 변합니다. 영어는 '사용'이 교차되어 'use'입니다.

18) 쑥 = 봉(蓬)

ᄡᅮᆨ(⟨능엄경언해(1461)⟩), 'ᄡ' 중 'ㅂ'에서 '봉'이 됩니다.

다음은 'ᄧ'입니다. 현 우리말에 쌍자음 ㅉ으로 나타납니다.

19) 짝 배(配)

ᄧᅡᆨ(⟨훈민정음(해례본)(1446)⟩), 'ᄧ'에서 'ㅂ'의 배(配)입니다.

20) 소금이 짜다, 짤 함(鹹)

ᄧ다(〈월인석보(1459)〉), 'ᄧ'에서 'ㅂ'의 변음 'ㅎ'의 함(鹹)입니다. 현 우리말은 합용병서 'ᄧ'에서 쌍자음 'ㅉ'으로 변했습니다.

21) '만들다'의 짜다, 짤 직(織)

ᄧ다(〈월인석보(1459)〉), 'ᄧ'에서 'ㅂ'은 우리말 명사형 '베', 한자어는 포(布), 현 우리말은 합용병서 'ᄧ'에서 쌍자음 'ㅉ'으로 변했고 한자어는 '짤 직(織)'입니다.

다음으로는 'ᄩ'입니다.

22) 따다

'따다'의 옛말은 3가지입니다. 'ᄠ다, ᄯ다, ᄩ다', 이 단어에서 'ᄠ'에서 'ᄩ'으로 쉽게 변하는 것을 알 수 있고, 심지어 'ᄩ' 중 'ㅂ'이 'ㅅ'으로 변한다는 것을 알 수 있습니다.

지금까지 'ᄠ, ㅄ, ᄧ, ᄩ'를 살펴보았고, 다음으로는 'ᄭ, ㅺ, ᄯ, ㅽ'을 살펴 보겠습니다. 'ᄭ'입니다.

23) 깔다

ᄭ다, ᄭ자리,12) 자리 좌석(座席), 자리 우리말에서 한자어 좌, 다음

---

12) 네이버 국어사전. '깔개(눕거나 앉을 곳에 까는 물건)'의 옛말.

한자어 '석'은 우리 옛말 '싥다'의 'ㅺ' 중 'ㅅ'이 한자어 초성이 되고, 'ㄱ'은 종성이 된 것입니다.

24) 깔깔하다

'깔깔하다'의 함북 방언에 '석석하다'[13]가 있습니다. 현 우리말 '깔깔하다'로서 방언 '석석하다'를 추리하기 힘듭니다. 그런데 이미 살펴본 대로 합용병서에서 그 어원을 찾을 수 있습니다. 깔깔하다의 옛말은 '씷깛다'입니다. 우리 옛말의 합용병서 'ㅺ'을 통해서 'ㅅ'의 존재를 찾을 수 있습니다. 한자어는 '깔깔할 색(濇)'인데, 역시 합용병서 'ㅺ' 중 'ㅅ'에 맞춘 한자어입니다.

25) 까다 = 삭감(削減)

싻다(〈번역노걸대(1517)〉), 'ㅺ' 중 'ㅅ'이 한자어 '삭'이 되고, 'ㄱ'은 한자어 '감'이 된 것입니다.

26) 끼다 = 팔짱 낄 공(拱)

끼오다, 삐다, 씨다 3가지 옛말이 있습니다. 3개의 초성이 모인 합용병서 'ㅄ'에서 'ㅂ'이 빠지고 'ㅺ'이 됩니다. 여기서 ㄱ에 맞춘 한자어 '공(拱)'입니다.

다음 'ㅼ'입니다.

---

13) 네이버 국어사전.

27) 사나이 = 남자(男子)

앞에서 잠시 언급했습니다. 우리말 '사나이'의 옛말은 '싸히, 스나히'였습니다. 보시다시피 우리말 초성 'ㅺ'이 'ㅅ'과 'ㄴ'으로 분리됩니다. 그리고 '나히'는 한자어로 '남자(男子)'이고, 영어로는 '히'만 남아서 he가 됩니다.

> *그래서 나무를 한자어로 '수목(樹木)'이라고 하는데, 우리말 '나무' 앞에 'ㅅ'을 붙이고 종성에 'ㅎ'을 붙이면 'ㅅ나뭉'이니, 종성 ㅎ은 ㄱ으로 변하여 한자어로 '수목'이 되는 것입니다.

다음은 'ㅺ'입니다.

28) 터지다 = 탄(綻)

여기서는 '뻐디다, 싸디다'를 고찰해 보겠습니다. 합용병서 'ㅺ'이 곧 'ㅳ'과 서로 변음한다는 사실을 알 수 있습니다. 한자어로는 'ㅳ'의 'ㅌ'에 맞춘 '탄(綻)'이지만, '폭발(暴發, 爆發)'도 가능하다는 것을 알 수 있습니다. 즉 'ㅳ' 중 'ㅂ'의 변음 '폭'이 나오고 다음 우리말 '벌어지다'의 '발'이 나오게 됩니다.

29) 때다 = 불 땔 취(炊)

대히다/싸히다〈다히다(〈구급방언해(1466)〉), 합용병서 'ㅺ'에서 변음 '취'가 나오게 됩니다.

30) 땅 지(地)

쌍/쌍ᇂ〈쌓(〈석보상절(1447)〉), 합용병서 'ᄯ'에서 'ㅅ'과 'ㄷ' 어느 곳에서나 'ㅈ'이 나오게 됩니다.

31) 떠들다

써들다,[14] 撬起 써드다(〈한청문감(1770?)〉 7: 45), 撬는 '들어올릴 효/교'라고 새기는데 우리 옛말 합용병서 'ᄯ' 중 'ㅅ'의 변음 'ㅎ'으로 보면 이해하기 편합니다.

32) 떡과 시더귀

'시더귀'는 평북 방언입니다. 방언만 그냥 들어서는 무슨 의미인지 알 수가 없습니다. 옛말이 '떡'임을 알면 'ᄯ'이 모두 풀어져 '시더귀'가 됨을 알 수 있습니다. 이는 우리 합용병서 옛말이 풀어져 한자어가 되는 원리 그대로 우리말과 평북 방언 사이에 형성된 것입니다. 앞에서 언급한 '싸히, 스나히'도 마찬가지입니다.

33) 떨리다 = 전율(戰慄)

썰리다, 합용병서 'ᄯ'의 'ㅅ'과 'ㄷ' 어느 곳에서나 'ㅈ'이 나오니 '전', '썰'의 종성 ㄹ은 '률/율'이 됩니다.

---

14) 네이버 국어사전. '떠들다(가리거나 덮인 물건의 한 부분을 걷어 젖히거나 쳐들다)'의 옛말.

34) 뜸 둔

'뜸'이란 우리말 뜻부터 알아야 합니다. 네이버 국어사전에 나온 해석입니다. 짚, 띠, 부들 따위로 거적처럼 엮어 만든 물건. 비, 바람, 볕을 막는 데 쓴다. [비슷한 말] 초둔(草芚). 이 뜸의 옛말이 '뜸'입니다. 'ㅆ' 중 'ㄷ'에 맞춘 한자어 '둔(芚)'입니다.

다음은 중요 단어들이 많이 들어 있는 'ㅽ'입니다.

35) 뿜다 = 분출(噴出), 방출(放出)

뿜다, 뿌리다와 비교해서 방향성이 아래서 위로입니다. 'ㅽ'에서 'ㅂ'이 한자어로 '분'이나 '방', 'ㅅ' 부분이 '출'에 해당합니다. 영어로는 'spout'와 'spurt'입니다.
우리 옛말 '뿜다'가 그대로 늘어난 음가입니다. 우리말 명사형은 '봄'이 되고 영어는 'spring'이 되는 것입니다.

36) 뿌리다 = 살포(撒布)

뿌리다, 뿜다와 비교해서 방향성이 위에서 아래로 혹은 수평으로 나갈 경우입니다. 영어로는 'spray'와 'sprinkle'입니다. 우리 옛말 '뿌리다'에서 'ㅽ'에서 'ㅅ'의 '살', 'ㅂ'의 변음 'ㅍ'의 '포'가 됩니다. 한자어 '살포(撒布)'와 영어 'spray'가 우리 옛말 '뿌리다'에서 나왔다는 것을 알 수 있습니다.

37) 뺨 = 시/새(腮)

쌤, '섀'에서 'ㅅ'의 '시/새'이고, 쌍자음이 되어 현 우리말 '뺨'이 된 것입니다.

38) 뽕 = 상(桑)

쌍(〈구급방언해(1466)〉), '섀'에서 'ㅅ'의 '상'이고, 쌍자음이 되어 현 우리말 '뽕'이 된 것입니다. 이 단어는 특히 현 우리말 종성과 한자음 종성에서 ㅇ으로 같아집니다. 원래는 초성 ㅄ 아래 종성 ㅀ이 있었고, 종성에서 ㄹ 탈락 ㅎ, ㅎ의 변음 ㅇ이 됩니다.

39) 빠르다 = 속력(速力), 속도(速度)

쌔ᄅ다, '섀'에서 'ㅅ'의 '속'이고, 쌍자음이 되어 현 우리말 '빠르다'가 됩니다. 강원, 경상, 전남, 충청의 방언 '싸게'[15]의 초성이 왜 'ㅅ'인가를 알 수 있게 해줍니다.

40) 빼다 = 발췌(拔萃)

쌔혀다, 쌔혀다, '섀'에서 'ㅂ'의 '발'이고, 쌍자음 ㆅ에서 '췌'가 되었습니다. 특별히 각자병서 ㆅ이 옛말에 잘 나타난 단어입니다.

---

15) 네이버 국어사전.

41) 뽑다 = 선발(選拔)

쏀다, 쐅다, '쌔'에서 'ㅅ'의 '선'이고, 'ㅂ'의 '발'입니다.

42) 옷을 빨다 = 세척(洗滌), 세탁(洗濯)

쌜다(〈석보상절(1447)〉), '쌔'에서 'ㅅ'의 '세'입니다. 우리말 씻다의 옛말 '싯다'와도 일치하는 한자어 '세(洗)'입니다.

*위 자료들을 토대로 현재 쌍자음의 고어를 추리하고 한자어와 영어를 연결해 보겠습니다.

추정 1) 뻗다 = 신장(伸張)

현 네이버 사전에는 고어 표시가 없습니다. 쌍자음 ㅃ의 고어가 '쌔'이라면 '신'을 찾을 수 있습니다. 이어 영어 'stretch'까지 추리할 수 있습니다.

추정 2) 빼앗다/빼틀다/빼뜰다

현 네이버 사전에는 '빼앗다'의 고어 표시가 '앗다'라고 되어 있고 쌍자음 ㅃ의 정체를 알 수 없지만, ㅃ가 ㅄ/쌔이면, ㅅ의 수, 틀의 탈, 수탈(收奪)이 나오고 ㅂ의 박, 틀의 탈, 박탈(剝奪)이 나오게 됩니다.

이렇게 2개 초성을 가진 합용병서를 마치고 3개 초성을 가진 단어들을 보겠습니다. 현재 3개의 합용병서는 'ㅄㄱ'과 'ㅄㄷ'으로만 남아 있는데 'ㅄㄱ'을 먼저 보겠습니다. 앞에서 '꿀'은 언급했습니다.

43) 껍질을 까다 = 부화(孵化)

싯다<뻣다(《석보상절(1447)》), 현 우리말 '까다'와 한자어 '부화'를 연결하기는 쉽지 않습니다. 하지만 초성 3개까지 올라가면 '뻣'에서 'ㅂ'의 '부'를 찾을 수 있습니다.

44) 끼니 = 곡식(穀食)

뻬니(《월인석보(1459)》), 현 우리말 끼니는 3개의 초성을 지닌 '뻬니'에서 왔습니다. 변화과정은 우리 옛말이 현 우리말에 이르러는 과정을 담고 있습니다. '뻬니'에서 'ㅂ'의 탈락 '께니'가 나오고 결국 쌍자음이 되어 '끼니'가 된 것입니다. 'ㅂ'은 우리말 '밥/반'이고 한자어는 '반(飯)'입니다.16) '께'에서 'ㄱ'은 '곡', 'ㅅ'은 '식'이 되는 것입니다.

45) 꿰다 = 관(貫)

뻬다, 현 우리말과 한자어가 바로 대응되지만, 원래는 3개의 합용병서에서 출발한 단어입니다.

46) 꿰뚫다 = 관통(貫通)

뻬듧다, 역시 옛말에서 현 우리말과 한자어 관통(貫通)이 나왔다는 것

---

16) 밥/반=반(飯), 찬=찬(饌), 국/갱=갱(羹), 수저=시저(匙箸), 편(떡 다른말)=병(餠), 지짐, 저냐=전(煎)
'달이다'와 '졸이다'는 모두 현 우리말입니다. 달이다, 졸이다, 지짐, 저냐 ⇨ 전(煎), 우리말과 한자어가 너무 같다 보니 전(煎)에서 저냐가 나왔다는 잘못된 학설이 탄생하는 것입니다.

을 알 수 있습니다.

47) 꾸다(빌리다), 빌릴 차(借)

쑤다〈꾸다(〈불정심다라니경ㅣ관음경언해(1485)〉), 'ㅵ'에서 'ㅂ'은 우리말 '빌리다'가 되고, 'ㅼ'에서 'ㅅ'의 변음 'ㅊ'의 한자어 '차'가 됩니다.

48) 끼다 = 팔짱 낄 공(拱)

삐오다, 삐다, 삐다 3가지 옛말이 있습니다. 'ㅼ' 항목에서 했습니다. 역시 우리말 초성 'ㅵ'에서 'ㅂ'이 빠지고 'ㅼ'이 됩니다.

이렇게 합용병서 2개는 3개에서 왔다는 것을 알 수 있습니다. 'ㅴ'을 보겠습니다.

49) 찌르다

딯다, 삐륵다, 디륵다, 역시 우리 합용병서가 잘 나타난 단어입니다. 옛말 중 'ㅴ'에서 'ㅂ' 탈락 후 'ㅽ'이 되고, 다음 'ㅽ'이 변음되어 쌍자음 ㅉ이 되거나, 아예 'ㅅ'도 생략되어 '딯다와 디륵다'도 됩니다. 역시 3개의 합용병서, 다음 2개의 합용병서, 그후 한 개의 자음으로 남는 과정을 잘 보여줍니다.

50) 깨뜨리다

쁘리다, 이 단어는 특별히 3개의 합용병서가 현재 우리말과 대응이 안 되는 경우인데, 굳이 연결성을 찾아보자면, 깨뜨리다의 '뜨'에 'ㅴ'의

'ㄷ'이 조금 남아 있다고 봅니다.

5. 2개 병서로 3개의 병서 초성 최대 수 도출

2개의 초성에 ㅳ, ㅄ, ㅶ, ㅷ/ㅺ, ㅻ, ㅼ, ㅽ이 있고 3개로 ㅴ, ㅵ이 있습니다. ㅴ, ㅵ을 기준으로 살펴보면, 'ㅂ' 생략 후 'ㅺ와 ㅼ'이 되었습니다. 그러면, ㅻ과 ㅽ도 원래는 'ㅂ'이 붙어 있었습니다. 그래서 현재의 3개의 합용병서 ㅴ, ㅵ 외에 'ㅄㄴ과 ㅄㅂ'을 만들 수 있습니다. 그러면 앞부분이 'ㅄ-'으로 구성 된 3개의 합용병서라는 것을 알 수 있고 이는 다른 합용병서 'ㅂ-'에도 적용할 수 있다는 것입니다.

다음으로 2개의 합용병서 'ㅄ'에서 3개의 합용병서 'ㅴ, ㅄㄴ, ㅵ, ㅄㅂ'이 되듯 이제 'ㅳ, ㅶ, ㅷ'에 하나의 자음을 붙여봅니다.

ㅳ은 ㅳㄱ, ㅳㄴ, ㅳㄷ, ㅳㅂ

ㅶ은 ㅶㄱ, ㅶㄴ, ㅶㄷ, ㅶㅂ

ㅷ은 ㅷㄱ, ㅷㄴ, ㅷㄷ, ㅷㅂ

위와 같은 3개의 합용병서 소리가 존재할 수 있었다는 이야기입니다. 이런 3음들이 사라지고 조선시대 남은 3개의 합용병서가 ㅴ과 ㅵ입니다.

6. 우리말과 한자어의 분리 고찰

지금까지 연구로 우리말 안의 합용병서 2개는 3개에서 온 것입니다. 그러면 우리말과 한자어 사이에도 이런 규칙이 적용될 것입니다. 이미 우리말과 한자어의 동일 언어 DNA는 증명한 바 있습니다. 그러면 다른 음가는 어떻게 증명하는가가 문제였는데 처음에는 변음으로 접근했습니다. 이도 틀린 것은 아니지만, 우리 합용병서라는 어원의 근원이 있으니 이를 통해 좀 더 적극적으로 한국어와 한자어(고대 중국어) 사이의 음가 동일성을 증명할 수 있습니다. 여기서는 중요도 순으로 증명해 보겠습니다.

1) ㅁ에서 ㅅ으로[17]

　　1-1. 물 ⇨ 수(水)

　　1-2. 뫼 ⇨ 산(山)

　　1-3. 몸 ⇨ 신(身)

　　1-4. 마음 ⇨ 심(心)

　　1-5. 마늘 ⇨ 산(蒜)

　　1-6. 머리 ⇨ 수(首)

　　1-7. 모래 ⇨ 사(沙)

　　1-8. 못 ⇨ 소(沼)

　　1-9. 믿다 ⇨ 신(信)

이전 제 연구는 합용병서 연구 없이 변음 관계로 한국어와 한자어를 비교했던 것입니다. 우리말 초성 앞에 'ㅅ'을 붙일 수 있으니, 우리말 '물, 뫼, 몸, 마음, 마늘, 머리, 모래, 못'의 원래 음가는 'ㅅ물, ㅅ뫼, ㅅ몸, ㅅ마음, ㅅ마늘, ㅅ머리, ㅅ모래, ㅅ못, ㅅ믿다'입니다. 여기서 'ㅺ' 중 'ㅅ'은 '수(水), 산(山), 신(身), 심(心), 산(蒜), 수(首), 사(沙), 소(沼), 신(信)'이

---

17) 이전 해석: 최고 난이도 변음 중의 하나입니다. ㅁ이 사라지면서 ㅇ이 되는데, 다시 음이 ㅎ으로 살아올라 온 후 ㅎ이 ㅅ으로 변합니다.

됩니다.

2) ㅂ에서 ㅅ으로[18)

2-1. 별 ⇨ 평/헝 ⇨ 성(星)

2-2. 비리다 ⇨ 평/헝 ⇨ 성(鮏)

2-3. 뱀 ⇨ 파/하 ⇨ 사(蛇)

2-4. 보다 ⇨ 피/히 ⇨ 시(視), 살펴보다

2-5. 빠르다 ⇨ 폭/혹 ⇨ 속(速)[19)

2-6. 받다 ⇨ 푸/후 ⇨ 수(受)

2-7. 버들치 ⇨ 푸/후 ⇨ 수

2-8. 부채 ⇨ 푸/후 ⇨ 선(扇)

2-9. 베껴 쓰다 ⇨ 파/하 ⇨ 사(寫)

2-10. 뽕나무 ⇨ 팡/항 ⇨ 상(桑)

2-11. 비로소/바야흐로 ⇨ 피/히 ⇨ 시(始)

2-12. 부럽다 ⇨ 펀/헌 ⇨ 선(羨)

2-13. 흙 빚다 ⇨ 포/호 ⇨ 소(塑)

2-14. 배 ⇨ 펀/헌 ⇨ 선(船)[20)

2-15. 번쩍일 ⇨ 펌/험 ⇨ 섬(閃)

합용병서의 이치를 적용하면, 'ㅄ/�'에서 분리 되어 우리말은 'ㅂ'으로 한자어는 'ㅅ' 초성으로 나타나게 됩니다.

---

18) ㅂ ⇨ ㅍ/ㅎ ⇨ ㅅ.

19) 우리말 안에서의 변화 표현으로는 '싱싱, 싸게 싸게'가 있습니다.

20) 우리말 안에서의 변화 표현으로는 '마생이(목선)'가 있습니다.

2-16. 바 ⇨ 소(所)

바는 그대로 방법(方法), 'ㅄ'에서 'ㅅ'의 '소', 우리말 뜻이 곳일 경우 'ㅅ곳'에서 'ㅅ'의 '소'입니다.

3) ㄷ에서 ㅅ으로

3-1. 닦을 ⇨ 수(修)
3-2. 드디어 ⇨ 수(遂)
3-3. 뛰어날 ⇨ 수(殊)
3-4. 따를 ⇨ 수(隨)
3-5. 드리울 ⇨ 수(垂)

역시 우리말 초성 'ㄷ' 앞에 'ㅅ'을 붙일 수 있으니, 'ㅅ닦다, ㅅ드디어, ㅅ뛰어나다, ㅅ따르다, ㅅ드리우다'가 됩니다. 한자어로는 '수' 음가로 나타납니다.

4) ㅍ에서 ㅅ으로

4-1. 파리 승(蠅)

역시 우리말 초성 'ㅍ' 앞에 'ㅅ'을 붙일 수 있으니, 'ㅅ파리'가 됩니다. 한자어로는 'ㅅㅍ' 중 'ㅅ'의 '승' 음가로 나타납니다.

5) ㅌ에서 ㅅ으로

5-1. 탈 승(乘)

우리말 초성 'ㅌ' 앞에 'ㅅ'을 붙일 수 있으니, 'ㅅ타다'가 됩니다. 한자어로는 'ㅼ' 중 'ㅅ'의 '승' 음가로 나타납니다.

6) ㄴ에서 ㅅ으로

6-1. 나물 ⇨ 소(蔬)
6-2. 눈 ⇨ 설(雪)

우리말 초성 'ㄴ' 앞에 'ㅅ'을 붙일 수 있으니, 'ㅅ나물, ㅅ눈'가 됩니다. 한자어로는 'ㅺ' 중 'ㅅ'의 '소와 설'로 나타납니다. 특히 추정 합용병서 'ㅅ눈'은 바로 영어 'snow'가 됩니다.

이렇게 우리말 앞에 'ㅅ'을 붙이면, 한자어 'ㅅ' 초성이 나타나게 됩니다. 다음으로 가장 어려운 경로인 ㄴ에서 ㄱ을 보겠습니다.

7) ㄴ에서 ㄱ으로

7-1. 나라 ⇨ 귁/국(國)
7-2. 노래 ⇨ 가(歌)
7-3. 내릴 ⇨ 강(降)
7-4. 높을 ⇨ 고(高)

즉 우리말 초성 'ㄴ' 안에는 'ㄱ'이 들어 있습니다. 'ㄴ가라, ㄴ고래,

ㄴ개리다, ㄴ곪다'에서 우리말 'ㄴ'이 탈락한 후 한자어 'ㄱ'이 된 것입니다. 이 과정도 합용병서의 이치를 깨닫지 못하면 전혀 이해할 수 없습니다.

8) ㄴ에서 ㄷ으로

8-1. 내기, 노름 ⇨ 도(賭)

ㄴ, ㄷ, ㅌ 훈민정음의 설음입니다. 설음들 사이에서는 서로 자주 교차 변음을 합니다. 또 하나는 합용병서의 원리를 적용하는 것입니다. 'ㄴ' 다음에 'ㄷ'을 붙이는 것입니다. 'ㄴ대기, ㄴ도름'에서 ㄷ의 한자음 '도'입니다. 둘 중 어느 것이나 우리말에서 한자어로 변음되었다는 것을 알 수 있게 하는 원리입니다.

9) ㄴ에서 ㅈ으로

9-1. 낮 ⇨ 두 ⇨ 주(晝)
9-2. 낮을 ⇨ 더 ⇨ 저(低)

위와 같이 ㄴ ⇨ ㄷ ⇨ ㅈ 변음 관계로 보아도 좋고, ㄴ 다음 ㅈ이 붙어 있는 ㄴㅈ에서 나온 한자어 '주와 저'로 보아도 됩니다. 물론 ㅆ/ㅼ에서 ㅅ의 변음 ㅈ으로 보아도 마찬가지입니다.

10) ㅂ에서 ㅎ으로

10-1. 바다 ⇨ 해(海)
10-2. 반디 ⇨ 형(螢)

10-3. 불 ⇨ 화(火)

10-4. 불 ⇨ 후(煦)

10-5. 벼 ⇨ 화(禾)

10-6. 벼 ⇨ 학(稻)

10-7. 범 ⇨ 호(虎)

우리말과 한자어, 우리말과 일국어(日國語)의 기본적인 변음 대응입니다. 여기서는 합용병서 원리라면 ㅂ 다음에 ㅎ이 붙은 'ㅸ'에서 분리되었다는 원리도 적용 가능하다라는 것을 말하고자 합니다. ㄱ, ㄴ, ㄷ, ㄹ, ㅁ, ㅂ, ㅅ, ㅇ, ㅈ, ㅊ, ㅋ, ㅌ, ㅍ에서 ㆁ, ㅥ, ㅮ, ㅭ, ㅯ, ㅲ, ㅰ, ㆆ, ㆅ, ㅾ, ㅿ, ㅹ, ㆄ으로 나타나게 됩니다. 그 중 ㅎ 음가에 맞추어 한자어 초성 ㅎ이 나타나게 된 것입니다.

11) ㄷ ⇨ ㅂ

11-1. 다시 부(復)

3개의 합용병서 'ㅳ'에서 'ㅂ'은 한자어 '부', 'ㄷ'은 '다시'라는 우리말이 됩니다. 거듭의 의미일 경우는 'ㅳ'에서 'ㅂ'은 한자어 '부', 'ㄱ'은 거듭이라는 우리말이 됩니다.

12) ㅂ에서 ㅊ으로

ㅂ ⇨ ㅍ ⇨ ㅊ

12-1. 봄 ⇨ 폼 ⇨ 춘(春)[21]

12-2. 바쁘다 ⇨ 퐁 ⇨ 총(匆)

12-3. 벌레 ⇨ 풍 ⇨ 충(蟲)

12-4. 배게 ⇨ 핌 ⇨ 침(枕)

12-5. 병아리(비육) ⇨ 푸 ⇨ 추(雛)

12-6. 빌다 ⇨ 푹 ⇨ 축(祝)

12-7. 버금 ⇨ 파 ⇨ 차(次)

12-8. 볶다 ⇨ 편 ⇨ 초(炒)

12-9. 부끄럽다 ⇨ 피 ⇨ 치(恥)

12-10. 부르다 ⇨ 팡 ⇨ 창(唱)

12-11. 비(자루) ⇨ 푸 ⇨ 추(帚)

12-12. 붓다/부풀다 ⇨ 팡 ⇨ 창(脹)

12-13. 비비다 ⇨ 파 ⇨ 차(搓)

12-14. 비롯하다 ⇨ 팡 ⇨ 창(創)

12-15. 빚/빈 ⇨ 패 ⇨ 채(債)

   합용병서 'ㅄ/ㅆ'에서 'ㅅ'의 변음 'ㅊ'으로 새겨도 되고, 처음부터 'ㅂㅊ'에서 나온 한자어 초성 'ㅊ'이라고 보아도 됩니다.

13) ㅂ에서 ㅈ으로

ㅂ ⇨ ㅍ ⇨ ㅈ

13-1. 발 ⇨ 폭 ⇨ 족(足)

13-2. 밭 ⇨ 편 ⇨ 전(田)

13-3. 빗 ⇨ 플 ⇨ 즐(櫛)

---

21) 봄에서 춘으로 가는 경로는 최고 난이도 경로라고 볼 수 있다. 만약 이 경로를 파악할
   수 있다면, 우리말에서 한자어로 가는 어려운 변음을 충분히 이해할 수 있다. 봄의 ㅂ이
   ㅍ으로, 다시 ㅍ에서 ㅊ으로 가는 경로를 깨달아야 한다.

13-4. 바탕 ⇨ 필/힐 ⇨ 질(質)

13-5. 번개 ⇨ 펀 ⇨ 년 ⇨ 전(電)

13-6. 빨간 ⇨ 퍽 ⇨ 적(赤)

13-7. 벼룩 ⇨ 포 ⇨ 조(蚤)

13-8. 베다 ⇨ 푸 ⇨ 주(誅), 참(斬)

13-9. 붓다 ⇨ 푸 ⇨ 주(注)

13-10. 비녀 ⇨ 팜 ⇨ 잠(簪)

합용병서 'ᄡ/ᄲ'에서 'ㅅ'의 변음 'ㅈ'으로 새겨도 되고, 처음부터 'ᄧ'에서 나온 한자어 초성 'ㅈ'이라고 보아도 됩니다.

14) 우리말 모든 초성과 한자어 ㅂ 음가의 관계: 부의 경우

14-1. 가마 부(釜), 갈대청 부(莩), 그물 부(罦)

'ᄀᄇ'에서 'ㅂ'은 한자어 '부', 'ㄱ'은 우리말 초성입니다. 앞에서 공부한 합용병서를 고려하자면, 3개의 초성 'ᄢ'까지 올라갈 수 있습니다.

14-2. 도울 부(扶), 다다를 부(赴), 도끼 부(斧), 단지 부(瓿)

'ᄠ'에서 'ㅂ'은 한자어 '부', 'ㄷ'은 우리말 초성입니다. 앞에서 공부한 합용병서를 고려하자면, 3개의 초성 'ᄣ'까지 올라갈 수 있습니다.

14-3. 썩을 부(腐), 스승 부(傅), 살갗 부(膚), 사로잡을 부(俘), 산뜻할 부(紑), 성낼 부(怀)

'ᄡ/ᄲ'에서 'ㅂ'은 한자어 '부', 'ㅅ'은 우리말 초성입니다. '살갗 부

(膚)'의 경우 3개의 초성 'ㅄ'이 잘 나타납니다. 'ㅂ'은 '부', 'ㅅ'은 '살갗'입니다.

14-4. 질 부(負), 줄 부(付), 쪼갤 부(剖), 장군(질그릇) 부(缶)

'ㅄ'에서 'ㅂ'은 한자어 '부', 'ㅈ'은 우리말 초성입니다.

15) 우리말 모든 초성과 한자어 ㅂ 음가의 관계: 배의 경우

15-1. 곱 배(倍), 구슬 배(环), 구슬꿰미 배(琲), 꽃봉오리 배(蓓)

'ㅲ'에서 'ㅂ'은 한자어 '배', 'ㄱ'은 우리말 초성입니다. 앞에서 공부한 합용병서를 고려하자면, 3개의 초성 'ㅯ'까지 올라갈 수 있습니다.

15-2. 달아날 배(北), 등 배(背)

'ㅲ'에서 'ㅂ'은 한자어 '배', 'ㄷ'은 우리말 초성입니다. 앞에서 공부한 합용병서를 고려하자면, 3개의 초성 'ㅳ'까지 올라갈 수 있습니다.

15-3. 속적삼 배(褙)

'ㅄ'에서 'ㅂ'은 한자어 '배', 'ㅅ'은 우리말 초성입니다.

15-4. 절 배(拜)

'ㅄ'에서 'ㅂ'은 한자어 '배', 'ㅈ'은 우리말 초성입니다.

16) 우리말 모든 초성과 한자어 ㅂ 음가의 관계: 보의 경우

16-1. 갚을 보(報), 걸음 보(步), 기울 보(補)

'ㅲ'에서 'ㅂ'은 한자어 '보', 'ㄱ'은 우리말 초성입니다. 앞에서 공부한 합용병서를 고려하자면, 3개의 초성 'ㅴ'까지 올라갈 수 있습니다.

16-2. 넓을 보(普), 능에 보(鴇)

'ㅄ'에서 'ㅂ'은 한자어 '보', 'ㄴ'은 우리말 초성입니다. 앞에서 공부한 합용병서를 고려하자면, 3개의 초성 'ㅄㄴ'까지 올라갈 수 있습니다.

16-3. 도울 보(輔), 더부룩할 보(葆)

'ㅳ'에서 'ㅂ'은 한자어 '보', 'ㄷ'은 우리말 초성입니다. 앞에서 공부한 합용병서를 고려하자면, 3개의 초성 'ㅵ'까지 올라갈 수 있습니다.

16-4. 지킬 보(保)

'ㅶ'에서 'ㅂ'은 한자어 '보', 'ㅈ'은 우리말 초성입니다.

16-5. 클 보(甫)

'ㅂㅋ'에서 'ㅂ'은 한자어 '보', 'ㅋ'은 우리말 초성입니다. 앞에서 공부한 합용병서를 고려하자면, 3개의 초성 'ㅄㅋ'까지 올라갈 수 있습니다. 'ㅴ'의 'ㄱ'의 변음 'ㅋ'으로 보아도 됩니다.

17) 우리말 모든 초성과 한자어 ㅂ 음가의 관계: 비의 경우

17-1. 견줄 비(比), 끓을 비(沸), 고단할 비(憊)

'ㅲ'에서 'ㅂ'은 한자어 '비', 'ㄱ'은 우리말 초성입니다. 앞에서 공부한 합용병서를 고려하자면, 3개의 초성 'ㅴ'까지 올라갈 수 있습니다.

17-2. 날 비(飛), 낮을 비(卑)

'ᄟ'에서 'ㅂ'은 한자어 '비', 'ㄴ'은 우리말 초성입니다. 앞에서 공부한 합용병서를 고려하자면, 3개의 초성 'ㅄㄴ'까지 올라갈 수 있습니다.

17-3. 도울 비(裨), 더러울 비(鄙), 덮을 비(庇)

'ㅳ'에서 'ㅂ'은 한자어 '비', 'ㄷ'은 우리말 초성입니다. 앞에서 공부한 합용병서를 고려하자면, 3개의 초성 'ㅵ'까지 올라갈 수 있습니다.

17-4. 슬플 비(悲), 숨길 비(秘), 살찔 비(肥), 삼갈 비(毖), 사립문 비(扉)

'ㅄ/ㅽ'에서 'ㅂ'은 한자어 '비', 'ㅅ'은 우리말 초성입니다.

17-5. 지라 비(脾), 저릴 비(痹)

'ㅶ'에서 'ㅂ'은 한자어 '비', 'ㅈ'은 우리말 초성입니다.

17-6. 코 비(鼻), 클 비(丕)

'ㅂㅋ'에서 'ㅂ'은 한자어 '비', 'ㅋ'은 우리말 초성입니다. 앞에서 공부한 합용병서를 고려하자면, 3개의 초성 'ㅳㅋ'까지 올라갈 수 있습니다. 'ㅳㅅ'의 'ㄱ'의 변음 'ㅋ'으로 보아도 됩니다.

17-7. 헐뜯을 비(誹)

'ㅸ'에서 'ㅂ'은 한자어 '비', 'ㅎ'은 우리말 초성입니다. ㅎ과 ㅂ, ㅂ과 ㅎ은 서로 교차하면서 쉽게 변하는 우리말과 외국어의 관계입니다.

7. 우리말과 한자어에서 합용병서의 역할 고찰

위에 든 내용처럼 우리말과 한자어 사이에는 그 근원에 합용병서가 있다는 것을 알았습니다. 모든 단어들을 이 글에서 열거할 수는 없고 위에 제시된 단어로서 충분히 이해하셨을 것입니다. 위 예시에 종성이 붙은 한자어는 열거해 드리지 않았지만 모두 동일한 원리입니다. 그래서 우리말과 한자어 사이에는 같은 초성 음가가 상당 수 있고, 다음으로 초성에서 차이나는 음가는 합용병서에서 그 근원을 찾을 수 있고, 더 나아가 앞에서 몇 개의 예를 들었듯이 영어로까지 나아갈 수 있습니다.

8. 결론적인 고대 원 음가

지금까지 우리말과 한자어를 기본으로 언어의 원류를 추적해 보았습니다. 그래서 우리말에는 초성이 3개—대표적으로 옛말에 남은 'ㅳㅅ, ㅳㅅ'인데 최대수는 계속 늘어 날 수 있습니다.—붙을 수 있고, 종성에는 'ㄹㆆ'이 기본이라는 것을 알 수 있습니다. 예로 '꿀'의 경우는 'ㅳ울'인데, 종성의 'ㄹ'은 원래 'ㅀ'이었다고 봅니다. 또한 '쏑'의 경우도 종성이 원래는 'ㅀ'[22]이었다고 봅니다. 저는 초성 3개와 종성 2개에서 한자어와 전 세계어가 파생되었다고 봅니다. 그러면 어순 문제가 해결 안 되는데, 이는 환국(한반도, 만주, 서남해가 초원이던 한중일이 붙어 있던 시절)이란 고대의 우리 지역에서 단어의 형태로 나타나 인류가 분리되면서—자연재해, 특히 해빙기에 바닷물 유입—각 지역에 맞춘 어순 분리가 일어났다고 봅니다.

9. 결론을 보충해주는 증거자로 유전자

최근 생명 과학의 발전으로 유전자에 대한 관심이 높고 그 과학성을 많이 신뢰하고 있습니다. 유전자에는 아버지에게서 이어 받은 부계 유전자 Y-DNA와 어머니에게서 이어 받은 모계 유전자 MT-DNA이 있습니다. 한국인은 주로 C와 O형이 대다수이고 소수 유전자형이 있습니다. 저는 아프리카에서 사하라 사막[23]을 피해 출발한 C형 처음 선조 집단이 토바 폭발(대략 74,000년 전)[24]을 피해 한반도를 중심으로 한 지역에 거주하면서부터 인류의 첫 언어가 탄생했다고 봅니다. 여기서 C와 D형 이하의 유전자형이 티베트를 거쳐 파미르를 거쳐 유럽과 아프리카로 돌아가서 E형이 되고, F의 인도에서 서진하여 유럽의 I 게르만 유전자가 되고, 중동의 J형이 나타나게 됩니다. 다시 일부가 동진하여 한반도와 규슈에 다시 NO가 나타나게 되고 마지막 빙하기를 지나면서 N은 북서 시베리아로 퍼져 나가서 핀란드[25]까지 가게 됩니다. 한반도

---

22) 'ㅀ'에 대해서는 '3장 인류의 첫 언어 고찰'에 자세히 설명하였습니다.

23) 사하라 사막은 41000년 주기로 밀림과 사막이 교차됩니다. Wikipedia의 sahara.

24) https://infograph.venngage.com/p/232600/lake-toba-super-eruption

25) Wikipedia의 Haplogroup.

에서 대략 5만년~4만년 전후 만난 C와 K의 NO에 의해서 전 세계 언어의 2번째 고대 표준어가 생겨나고 인문이 발달한 후 대략 만년경(O2b 시절) 자연 환경의 변화—특히 한반도 서남해의 바닷물의 수위 증가—로 일국[26]과 인도네시아 쪽으로 흩어졌다고 봅니다. 멀리는 인도까지도 생각해 볼 수 있는데 이유는 인도의 모든 부족 염색체에 O형이 들어 있기 때문입니다.

이런 유전학적 발생과 관련해서 역사비교언어학을 고찰해보면, 전 세계어는 고대 공용어인 고대 한국어(넓게는 고대 동북아시아어)의 영향 아래 나타난 언어인 것입니다.

---

26) 일본(日本) 대신 사용하는 용어이다.

말미에 추가하는 말

집필 중에 여러 의견이 있어 여기에 관련 내용을 기록합니다.

1. 반재원·허정윤, 『한글 창제원리와 옛글자 살려 쓰기』, 역락, 2007.

저의 주요 논지는 가림토가 천문에서 나왔다는 것입니다. 그것은 결국 훈민정음과 이어집니다. 반재원 선생님의 논지는 천문에서 훈민정음이 나왔다는 것입니다. 제가 책을 구입하고자 했으나 절판이었습니다.

2. 박대종 선생님의 나는 언어정복의 사명을 띠고 이 땅에 태어났다 1권~4권 책을 펼치니 '많다'의 '만(滿)'과 '공이 구르다'의 '공 구(球)'를 확인할 수 있었습니다. 5권 이상은 본인이 사지 않아 일치되는 단어는 확인할 수 없습니다.

3. 임규인 교수님의 공부는 매우 대단한 연구입니다. 네이버 'kyuinlim님의 블로그'에 '고대 한자발음의 체계는 현재 우리나라 한자 발음의 체계와 동일하다.'[1]라는 글을 게시판에 울리셨습니다. 집필 도중 페이스북 친구 분의 문제 제기가 있었기에 비교 자료로 교수님 게시판 글 그대로 가져왔습니다.

---

1) http://blog.naver.com/kyuinlim/220257009391, 2015.01.30. 06:28.

고대 한자발음의 체계는 현재 우리나라 한자 발음의 체계와 동일하다.

고대 한자 발음의 체계에서 중요한 특징은 바로 받침이다.

초성[머리]+중성[몸과 팔]+종성[다리]으로 닫히는 3이란 완성의 수로 폐음절 체계로 중국어나 일본어의 특색인 개음절의 음운체계와는 확연하게 구별된다.

중국식 한자 발음이나 일본식 한자 발음에서는 다음과 같은 종성인 받침의 발음을 제대로 할 수 없다.

기본형인 '서녁 서[西]' > '저녁 夕[석=서+ 받침 ㄱ]' > '서쪽에 먼저 도달할 先[선=서+ㄴ받침]' > '저녁이 되면 서늘할 서리와 같은 雪[서늘할 서+ㄹ받침]' > 해가 문으로 들어갈 閃[저녁노을처럼 아름답게 빛날 閃[서+ㅁ받침] '저녁노을처럼 빛나는 불꽃 섭[燮=서+ㅂ받침]' > '어른이 먼저 先된 성인 성[成=서+ㅇ받침(ㄴ+ㄱ= ㅇ =ng=n+g]' >

'설날' 전의 '섣달' 그믐날 > 섣달[섣=서+ㄷ받침] & 설날[설=서+ㄹ받침]

섯[서+ㅅ받침]> '서있다'의 줄임말

잊[이+ㅈ받침] > 이[떠날 離]와 지다[그치다 止]

잎[leaf]과 입[lip]

중국식이나 일본식 한자 발음은 원래 고대 한자 발음의 체계에서 일탈하였다.

예를 들면 學生[학생]이란 한국식 발음이 고대 한자[韓字] 발음 체계와 원리를 유지하고 있는 반면에 중국식으로는 [슈에승] 일본식으로는 [각세이]라고 한다. 한자[韓字]를 처음 창제한 민족은 우리의 조상이라고 누차에 걸쳐서 주장해오고 있다.

중국어는 토착어가 사성이라는 성조를 갖고 있어서 모음 하나를 이중 모음으로 바꿔야만 성조를 실을 수가 있다.

일본어는 '아 에 이 오 우'라는 다섯 모음밖에 없어서 '확실히'를 '학실 히'로 발음해야 한다.

일본식 한자 발음은 '성곽 郭[곽]'에서 와[=오+아]라는 이중모음을 발 음할 수 없고 또한 우리말이나 고대 한자어에서 종성인 받침을 제대로 발음할 수 없어서 연필을 '엔삐추'라고 발음한다.

중국어에서는 '배울 학[學]'과 '학대할 虐[학]'을 성조로 구별해야 하기 에 [슈에]라는 유에[이중모음]에다가 성조를 실을 수밖에 없어서 결국 우리 조상으로부터 차용한 고대한자의 발음의 원리와 원칙을 무너뜨릴 수밖에 없게 되었다.

스페인어와 포르투칼어의 관계가 중국어의 한자 발음과 한국어의 정통 한자 발음의 관계와 비견될 수 있다.

포르투칼어는 프랑스어와 스페인어가 섞인 발음이라고 할 수 있다.

스페인어보다 이탈리아어가 라틴어[로마제국의 언어]에 더 가깝다.

라틴어 〉이탈리아어 〉스페인어 〉프랑스어 〉포르투칼어로 순서를 정할 수 있는 것처럼 고대한자발음이 그대로 전수된 한국어에서의 한 자 발음 〉중국어의 한자 발음 〉일본어의 한자 발음으로 순서를 정할 수 있다.

중국어의 성조는 중국 토착원주민인 한족들의 발음의 습관으로 차용 된 외래어인 고대 한자 발음을 토착어에 수정하여 결합시킨 것이다.

고대한자를 창제했던 북간도와 만주 지방에서 도읍을 정하여 살던 유 목민족이었던 동이족[우리의 조상]이 지진으로 생활용수의 공급원이 었던 강물이 바닥이 나서 중국의 안양으로 수도를 천도하면서 중국의 토착민인 한족에게 한자어를 전수하였다. 스페인어가 중남미에 공식

4. 만약 현대 학문의 시각으로 본다면, '모델링'이라고 봅니다. 하늘을 모델로 하늘나라를 만들고 하늘 말과 글을 만들었다고 봅니다.

참고문헌

〈문자 분야〉

강신철, 『모델링』, 글누리, 2015.

고태규, 『훈민정음과 작가들』, 널개, 2007.

국립김해박물관, 『함안우거리토기생산유적』, 국립김해연구소, 2007.

국립중앙박물관, 『신라토우 영원을 꿈꾸다…』, GNA 커뮤니케이션, 2009.

김일권, 『우리 역사의 하늘과 별자리』, 고즈윈, 2008.

김준연, 『고금 횡단 한자여행』, 학민사, 2008.

문효근, 『훈민정음 제자 원리』, 경진출판, 2015.

박원길, 『한자암기박사』, 동양문고, 2007.

박창범, 『하늘에 새긴 우리역사』, 김영사, 2002.

안상현, 『우리가 정말 알아야 할 우리 별자리』, 현암사, 2000.

이형구, 『미국 서부의 암각화와 만나다』, 민속원, 2015.

이형상 지음, 김언종 외 옮김, 『역주 자학』, 푸른역사, 2008.

임숙영·현계영·구자춘, 『생생쏙도감 별자리』, 동아사이언스, 2007.

임용기·홍윤표, 『국어사 연구 어디까지 와 있는가』, 태학사, 2006.

전정례·김형주, 『훈민정음과 문자론』, 역락, 2002.

정연종, 『한글은 단군이 만들었다』, 넥서스, 1996.

정태민, 『별자리에 숨겨진 우리 역사』, 한문화, 2007.

허대동, 『고조선 문자』, 도서출판 경진, 2011.

허대동, 『고조선 문자』 2, 도서출판 경진, 2013.

〈언어 분야〉

강길운, 『한국어계통론』, 형설출판사, 1988.

강상원, 『한글 고어사전 실담어 주석』, 한국세종한림원, 2002.

박대종, 『나는 언어정복의 사명을 띠고 이 땅에 태어났다』, 대종언어연구
    소, 1999.

서정범, 『우리말의 뿌리』, 고려원, 1989.

신상순·이돈주·이환묵, 『훈민정음의 이해』, 한신문화사, 1988.

윤명희·이대희·이성배·심인자·하루비, 『경상도 우리탯말』, 소금나무, 2006.

조영언, 『한국어어원사전』, 다솜출판사, 2004.

최영애, 『한자학강의』, 통나무, 1997.

한새암·최병두·조희범·박원석·문틈, 『전라도 우리탯말』, 소금나무, 2006.

허영호 지음, 김용환 엮음, 『조선어기원론』, 정우서적, 2014.

에드윈 C. 크룹 지음, 정채현 옮김, 『고대 하늘의 메아리』, 이지북, 2011.

앨버틴 가우어 지음, 강동일 옮김, 『문자의 역사』, 새날, 1995

Dorcas s. Miller, *Stars of the first people*, Pruett Publishing Company, 1997.

〈역사 분야〉

남주성 역주, 『흠정만주원류고』 上·下, 글모아, 2010.

단재 신채호 원저, 박기봉 옮김, 『조선상고사』, 비봉출판사, 2006.

박병섭, 『고조선을 딛고서 포스트 고조선으로』, 창과거울, 2008.

박선미, 『고조선과 동북아의 고대 화폐』, 학연문화사, 2009.

박선희, 『고조선 복식문화의 발견』, 지식산업사, 2011.

복기대, 『요서지역의 청동기시대 문화연구』, 백산자료원, 2002.

북애, 고동영 옮김, 『규원사화』, 한뿌리, 2005.

성삼제, 『고조선 사라진 역사』, 동아일보사, 2005.

송강호, 『고조선의 화폐와 명도전의 비밀』, 지식과교양, 2012.

신동준, 『사마천의 부자경제학』, 위즈덤하우스, 2012.

안경전 역주, 『환단고기』, 상생출판, 2012.

우실하, 『동북공정 너머 요하문명론』, 소나무, 2007.

윤내현, 『우리 고대사 상상에서 현실로』, 지식산업사, 2003.

이덕일·김병기, 『고조선은 대륙의 지배자였다』, 역사의아침, 2006.

이민화, 『스마트코리아로 가는 길 유라시안 네트워크』, 새물결, 2010.

이일봉, 『실증 한단고기』, 정신세계사, 1998.

이종호, 『과학으로 찾은 고조선』, 글로연, 2008.

이형구, 『발해연안에서 찾은 한국고대문화의 비밀』, 김영사, 2004.

이형구·이기환, 『코리안루트를 찾아서』, 성인당, 2009.

임재해 외, 『고대에도 한류가 있었다』, 지식산업사, 2007.

임재해, 『고조선 문화의 높이와 깊이』, 경인문화사, 2015.

정형진, 『실크로드를 달려온 신라왕족』, 일빛, 2005.

최종철, 『환웅 단군 9000년 비사』, 미래문화사, 1995.

한국역사연구회 고대사 분과, 『고대로부터의 통신』, 푸른역사, 2004.

KBS HD역사스페셜 원작, 표정훈 해저, 『HD역사스페셜』 1, 효형출판, 2006.

KBS HD역사스페셜 원작, 표정훈 해저, 『HD역사스페셜』 2, 효형출판, 2006.

〈사진 자료〉

우리나라 박물관: 국립중앙박물관, 서울 암사동 박물관, 부산박물관, 김해박물관, 양산박물관, 경주박물관, 밀양박물관, 대구박물관, 진주청동기박물관, 부여박물관, 광주박물관, 전주박물관, 부산대박물관, 동아대박물관, 고령박물관, 거창박물관, 울주고래박물관, 청송박물관, 태안 패총 박물관,

강화역사박물관, 부산동삼동박물관, 양구선사박물관, 안동시립민속박물관, 창녕비봉리패총 박물관, 의령의병박물관, 경남대박물관, 거제박물관, 통영시립박물관, 제주박물관, 춘천박물관, 수양개 선사유물전시관에서 직접 사진 자료를 구하였고 관련 공부를 읽었다. 박물관 관계자분들에게 고마운 인사를 전합니다.